新発想！道徳のアクティブ・ラーニング型授業はこれだ
――問題解決ワークショップで道徳性を深化する

木野正一郎
Shoichiro Kino

はじめに

　2014（平成26）年10月の中央教育審議会の答申「道徳に係る教育課程の改善等について」において「特別の教科 道徳」の設置が決まり、小学校は2018（平成30）年から、中学校は2019（平成31）年からいよいよ実施されることになる（学校の判断によっては、2015（平成27）年から「特別の教科 道徳」の実施が可能）。「特別の教科 道徳」が産声をあげようとしている歴史的瞬間に、私たちは立っているのである。こうした時代の転換期に、筆者は、タイトルに掲げた問題解決ワークショップを用いた「特別の教科 道徳」におけるアクティブ・ラーニング（active learning）を構想した。

（注）2015年3月に行われた学校教育法施行規則改正と小学校、中学校及び特別支援学校小学部・中学部の学習指導要領一部改訂により、「特別の教科 道徳」の名称は「道徳科」になった（改訂版学習指導要領については、十勝教育局義務教育指導班がわかりやすくまとめた新旧対照表（2015年3月）を、先方の承諾を得て巻末に掲載したので参照願いたい）。

　問題解決ワークショップを用いた「特別の教科 道徳」のアクティブ・ラーニングとは、「特別の教科 道徳」の時間にテーマとして取り上げた社会的・科学的事象に対して、子どもたち自らが自主的・主体的なかかわりをもち、その事象に含まれるさまざまな課題の解決を、本書に示した問題解決ワークショップや内省深化アクティビティ（activity）、道徳的認知深化法、実生活ブレイクダウン（breakdown）などを通して多面的・多角的な視点から総合的に図っていくことによって、子どもたちの道徳性の三側面（認知的側面、情意的側面、行動的側面）を深化していこうとする活動である。

　このような視点は、2014年10月に示された中央教育審議会の答申「道徳に係る教育課程の改善等について」においても、「様々な道徳的価値に

ついて自分との関わりも含めて理解し、それに基づいて内省し、多角的に考え、判断する能力、道徳的心情、道徳的行為を行うための意欲や態度を育てることなどを通じて、一人一人が生きる上で出会う様々な問題や課題を主体的に解決し、よりよく生きていくための資質・能力を培う」(2014年、中央教育審議会答申、pp.8-9)こととして、「特別の教科 道徳」の目標のあるべき姿に掲げられている。この答申の記述からも理解できるように、子どもたちの道徳性を問題解決的な学習で深めていくような授業実践は、「特別の教科 道徳」の授業づくりをするうえで、今後、ますます重要視されてくることであろうと筆者は考える。

　ここで、本構想と答申が示した視点との関連性・共通性を具体的にあげると、次のような五つの視点で整理することができると筆者は考える。一つ目は子どもたちに問題解決的思考を促す内容であるということ、二つ目は子どもたちの主体的な思考・判断を求める内容であるということ、三つ目は教材とする社会的・科学的事象に内在する道徳的価値を自分とのかかわりの中で深く理解することを求める内容であるということ、四つ目は問題解決ワークショップのような生徒の主体的な活動を通して道徳的価値に対する多面的・多角的視点に基づく総合的な見方や考え方を子どもたちに養う内容であるということ、五つ目はこうした学習で習得した知識や技能が将来にわたって子どもたちを取り巻く実生活のさまざまな問題解決場面において活用されるような内容であるということである。

　では、前述の「特別の教科 道徳」の目標を達成するために、私たち教師は授業を設計するうえで、どのような工夫を施す必要があるであろうか。それは、子どもたちが道徳的価値を自らの力で発見し、そのよさを実感するような道徳の授業をつくることであると筆者は考える。読み物教材を使って登場人物の心情理解を図るといった従来型の授業実践のあり方だけでなく、道徳的価値同士が干渉し、対立し合うような場面も想定して、当該の道徳的価値を比較したり、分析したり、物事の優先順位づけをしたりするような批判的思考を、子どもたち自身に行わせるような授業づくりが必要であると考える。問題解決的な道徳の授業に子どもたちが出会うことによって、社会的に尊いと考えられている価値を、子どもたちが道徳的価値

として自ら認識していくことができるようになると考える。そして、価値観が複雑に対立するような難しい課題解決の場面においても、その場に応じてより適切な道徳的価値を主体的判断によって選択することができるようになると考えるのである。つまり、一連の問題解決的な学習活動は、子どもたちにより深い道徳的認知を促し、高次の道徳性や道徳的実践力を自己の内面に定着させる効果をもつ活動なのである（道徳性や道徳的実践力に関する詳細は第2章（p.31～）を参照していただきたい）。

したがって、このようなプロセスを経て子どもたちが獲得した道徳的価値は、それぞれの人がおかれている立場や社会的背景などを十分に配慮し、多様性を尊重した深い道徳性をもつようになる。こうした道徳性は、決して他者から強制されたり、あるいは無意識に刷り込まれたりして習得するような浅い内容にはならないと考える。ゆえに、一部の報道でなされた「一定の価値観や規範意識の押しつけにつながることが危惧される」（2015年3月13日、産経ニュース）といった道徳の教科化に対する懸念も、本書が提案する問題解決ワークショップを用いた「特別の教科 道徳」の授業を実践することによって払拭できるのではないかと筆者は考えるのである。

では、ここで、筆者が本授業実践を研究するに至った経緯を簡単に紹介する。社会科教師である筆者は、日ごろの実践活動の中で、戦争や人権、環境や生命倫理といった問題について、ディベート（debate）やディスカッション（discussion）、小論文などを通じて子どもたちに深く考察させる授業を多く取り入れてきた。しかし、こうしたテーマを題材にした授業を重ねていくうちに、「子どもたちが日々取り組んでいる教科学習の知識や技能は、かれらの実生活の場面で上手く活用されているであろうか」といった疑問を筆者はもつようになっていったのである。主題に基づく学習を実施すると、子どもたちはその課題に潜む本質的な問題に直面する。そして、深い考察の結果、事象に対する多面的・多角的な視点に基づく総合的な意見をもつようになるのである。しかし、そこで考察し、判断した意見なり気づきなりを自分たちの実生活に応用しようとした場合、教材と子どもたちの実生活との距離があまりに大きく離れてしまっていて、子どもた

ちにとっては現実味がない内容になってしまいがちなため、かれらが身近な問題に応用できないといった問題が出てくる。そこで、筆者は、「教科学習で獲得した道徳的な気づき（価値）を、ぜひ子どもたちの実生活にも活用できるようになってもらいたい。そのためには、教材を子どもたちの実生活に引き寄せる工夫が必要である」、と考えるようになっていったのである。これが、本研究の出発点である。

　この課題は、筆者が進学した早稲田大学教職大学院の田中博之教授の下で深めることになった。そして、前述の課題を解決することを目標に道徳と教科の連携を図り、「道徳の時間」において教科学習で習得した知識や技能を補充・深化・統合するといった小単元構成の授業設計を研究する活動がスタートしたのである。研究を進めていく中で、筆者は、通常、一回一回の「道徳の時間」の中で行われる補充・深化・統合の活動にそれぞれ1～2時間の授業時間を配し、子どもたちが自らの力で深く思考・判断しながら道徳的価値に気づくような合計4時間の「小単元構成モデル（model）」を開発した。そして、この小単元構成モデルに基づいて設計された授業実践の中に、さまざまな効果をねらった問題解決ワークショップを組み込むことによって、子どもたちの道徳的価値に対する本質的な理解を促進し、道徳的実践意欲や態度の形成にもつながるような授業実践を作り上げたのである。

　本書では、問題解決ワークショップを用いた「特別の教科 道徳」における小単元構成の授業実践の内容を具体的に示している。同時に、実践を通して集められた質的・量的データをもとに、この授業実践がどのような教育的効果をもたらすのかといった分析も行っている。読者の皆さんには、これらの具体的な実践事例や子どもたちが示した反応をご覧いただき、問題解決ワークショップを用いた「特別の教科 道徳」における授業実践のよさを実感していただきたい（なお、これらのデータは、筆者が勤務する相模女子大学中学部・高等部と、早稲田大学教職大学院在学中に筆者が実習でお世話になった神奈川県公立学校A校の二校において本授業実践を行った際に、入手したものである。授業者は、勤務校では筆者が担当し、神奈川県公立学校A校では著者の考えに共感し共同で取りくんで下さったM教諭が実施している）。

また、本書で紹介する授業実践は、2014年10月に示された中央教育審議会答申、および中央教育審議会道徳教育専門部会の主査を務めていらっしゃる押谷由夫先生と、同専門部会委員の柳沼良太先生が編著の『道徳の時代をつくる！-道徳教科化への始動-』を参考に作り上げたもので、改訂版学習指導要領告示前に行った先行的実践である。ぜひ、読者の皆さんにも、この授業実践のアイディアを参考に、明日からの現場の実践の中で具体的なイメージを描いて取り組んでいただければ幸いである。

　最後に、本授業実践の研究ならびに本書制作にあたって、お世話になった方々に謝辞を述べさせていただく。
　まずは、上述した課題に気づかせていただき、大学院進学に際し推薦状を書いてくださった相模女子大学中学部・高等部の衛藤武市元校長に、素晴らしい研究の機会を与えていただいたことへの感謝の意を表したい。大学院在学中に、激励のメッセージを寄せていただいた竹下昌之現校長にも感謝の言葉を申し上げる。大学院受験に際し、アドバイスをいただいた勤務校の管理職の皆さまにも、感謝の気持ちでいっぱいである。
　そして、本授業実践開発から実践現場への参観、本書作成にあたってのアドバイスに至るまで、多大なるお力添えを賜った田中博之先生に深く感謝申し上げたい。田中先生の下で研究したこの一年間の経験は、今後の筆者の教員生活に大きく役立つものと実感している。
　本授業実践に実践的な場面を提供してくださった勤務校ならびに実習校の管理職の先生方をはじめ諸先生方のご協力にも感謝申し上げたい。
　本授業実践の開発ならびに本書の制作にあたっては、東京学芸大学名誉教授の佐島群巳先生、早稲田大学教職大学院科長の三村隆男先生、同客員教授で筆者の実習教官の羽入田眞一先生と同客員教授の武沢護先生、同教授の油布佐和子先生、同教授の髙橋あつ子先生、同教授の古井純士先生、同教授の山口幸一郎先生、同教授の水原克敏先生、同客員教授の岡田芳廣先生、同元客員教授の大江近先生など多くの先生方のお知恵とご協力を頂戴した。この場をお借りして、深く御礼申し上げたい。
　また、本書の中に多く引用をさせていただいた中央教育審議会道徳専門

部会主査の押谷由夫先生や同専門部会委員の柳沼良太先生をはじめとした諸先生方、「はがき新聞」のアイディアをお借りした公益財団法人「理想教育財団」専務理事の酒井純司様と同財団の皆さま方に深く感謝申し上げたい。改訂版学習指導要領の新旧対照表の転載を、快く承諾してくださった十勝教育局義務教育指導班の皆さまにも厚く御礼申し上げる。

　早稲田大学教職大学院1年制（現職教員）コースの受験資格には4年以上の主任経験という項目があるが、勤務校の相模女子大学中学部・高等部で入試広報部長として筆者を厳しくも温かく育ててくださり、誇り高い生き方を教えてくださった久保敏元校長（故人）にも感謝申し上げる。

　また、早稲田大学教職大学院で共に学び、本書の表紙などに明るい雰囲気のイラストを提供してくれた木田美友紀さんにも感謝申し上げる。

　最後になったが、筆者の大学院における研究の成果として、また私立学校の教員による研究活動の成果として、本書を出版する機会を与えてくださったみくに出版社長の安修平様、「進学レーダー」編集長の井上修様、日能研東京エリア取締役の松沢尚輝様に心より御礼申し上げたい。

　本書で提案した問題解決ワークショップを用いた「特別の教科 道徳」の授業実践が全国の多くの先生方に支持され、本書の理論と実践から多くのアイディアが創出されて、子どもたちの実生活に活かすことができるような道徳のアクティブ・ラーニングが開発されていくことや、「特別の教科 道徳」を要としてより発展的な道徳教育が実践されることを心より願っている。

　2016年2月吉日

　　　　　　　　　　　　　　　　　　　　　　　著者　木野正一郎

道徳教育のニューリーダー
木野正一郎先生の本書を推薦します

早稲田大学教職大学院
教授　田中博之

　いよいよ、「道徳の時間」が教科となり、2018年度から正式に道徳科がスタートします。その移行措置として、2015年度から学習指導要領が一部改正され、「特別の教科 道徳」のあり方が明確になってきました。

　そうした新しい道徳教育の改革の流れを受けて、本書はこれからの道徳教育のあり方を具体的に提案しています。例えば、コア・バリューを明確にした授業づくり、複数時間を組み入れた小単元構成、補充・深化・統合による単元モデルの構成、そして問題解決ワークショップの実施など、数多くの斬新なアイデアによって中学校での革新的な道徳教育を開発し、その実践の豊かなノウハウを本書ですべて公開しています。

　「特別の教科 道徳」の実践をすぐにでも始めたい！と意欲的に考えている全国の先生方へ、本書を心から推薦します。

　本書を通読し、「考える道徳」や「表現する道徳」を追体験することで、必ずや、新しい実践のイメージがわき出てくることでしょう。

　さて、こうした素晴らしい実践提案書を上梓された、相模女子大学中学部・高等部教諭の木野正一郎先生は、昨年度早稲田大学大学院教職研究科で学ばれ、それがご縁で木野先生と共にアクティブ・ラーニングとしての道徳教育について探究することができたことは、私の研究活動においても大変大きな収穫を与えてくれるものでした。

　木野先生の誠実なお人柄と、情熱を持って新しい実践の開発に取り組まれる真摯な姿は、まさに私が理想とする教師像であり、これからますますわが国の道徳教育の刷新に夢と希望を与えてくれる先生の実践に学ばせていただきたく思っています。

本書を通して、日本の道徳教育が生まれ変わり、子どもの主体的な学びを通して、よりよい社会づくりに貢献できる道徳的実践力を備えた青少年を育成してくださることをご期待して、推薦の言葉といたします。

2015年11月30日

本書の構成

　ここで、本書の構成を簡単に解説する。

　まず第1章では、本書で紹介する問題解決ワークショップについて、その定義を示すとともに、その中で実践されている特徴的な取り組みについて5点に集約して概略を紹介する。

　第2章では、本授業実践を構想するに至った背景となる中央教育審議会の答申（2014（平成26）年10月）の概要や、中央教育審議会道徳専門部会の主査を務める押谷由夫と同委員の柳沼良太が提唱する「特別の教科 道徳」に対する考え方の概要を示す。

　第3章では、問題解決ワークショップを用いた「特別の教科 道徳」における授業実践の中で取り上げている各種ワークショップ、内省深化アクティビティ（activity）のねらいと具体的な進め方を示す。本授業実践は前述したように、筆者の勤務校である相模女子大学中学部・高等部と、実習校である神奈川県公立学校A校の1年生を対象に行ったのだが、ここで得た質的・量的データについても解説を交えながら紹介し、問題解決ワークショップを用いた「特別の教科 道徳」における授業実践の教育的効果を述べたい。

　第4章では、問題解決ワークショップを用いた「特別の教科 道徳」における授業実践を効率的に進めるための指導方法や指導上の工夫について、KP法（川嶋直が提案している紙芝居プレゼンテーション（presentation）法のこと）やユニバーサル・デザイン（universal design）の視点を提案したい。

　第5章では、本授業実践の事前に子どもたちが自らの道徳性について客観的に把握するために行う道徳性セルフアセスメント・アンケート（self-assessment questionnaire）と自己評価シート（筆者が作成）について、その活用方法を実践データに基づき紹介する。

　第6章では、問題解決ワークショップを用いた「特別の教科 道徳」における授業実践によって、子どもたちが学習した内容を自己の内面に統合するツールとして、本小単元構成モデル（model）の最終回にあたる統合部で行う「道徳はがき新聞」（公益財団法人　理想教育財団より）の取り組みについて、子どもたちの作品例を示しながら紹介する。

　第7章では、問題解決ワークショップを用いた「特別の教科 道徳」における授業実践を広めるにあたって、今後、解決すべき課題について述べる。そのうえで、現行の学習指導要領および2014年の中央教育審議会答申を乗り越える視点として、指導体制のオムニバス化（omnibus）を提案する。

　第8章では、「生きる力」と道徳教育の相関関係について、これまでの学習指導要領における道徳教育の位置づけを確認する。

　最後にコラムと称して、筆者がイギリス海外研修を通して学んだ英国における活用学習・問題解決学習の理論を紹介し、筆者が提案する問題解決ワークショップを用いた「特別の教科 道徳」との共通点を説明する。

　本授業実践の研究が、読者の皆さんのお役に立てることを、切に願っている。

参考文献・引用文献

◆1　十勝教育局義務教育指導班『「特別の教科である道徳」（「道徳科」）の実施に向けて』、2015（平成27）年、http://www.dokyoi.pref.hokkaido.lg.jp/hk/tky/grp/01/dotoku.pdf
◆2　中央教育審議会『道徳に係る教育課程の改善等について（答申）』、2014（平成26）年
◆3　「道徳教科化に賛否両論6000件『健全な社会秩序維持』『価値観の押しつけ』」、『産経ニュース』、2015（平成27）年3月13日、http://www.sankei.com/life/news/150313/lif1503130024-n1.html

新発想!
道徳のアクティブ・ラーニング型授業はこれだ
―― 問題解決ワークショップで道徳性を深化する

[目次]

はじめに————3

道徳教育のニューリーダー　木野正一郎先生の本書を推薦します————9
　　　　早稲田大学教職大学院教授　田中博之

本書の構成————11

第1章　問題解決ワークショップを用いた「特別の教科 道徳」を実践しよう　17

1. 問題解決ワークショップとは————19
2. 「特別の教科 道徳」における補充・深化・統合を組み入れた「小単元構成モデル」とは————21
3. 内省深化アクティビティとは————22
4. 道徳的認知深化法とは————24
5. 実生活ブレイクダウンとは————25
6. 道徳性セルフアセスメント・アンケートとは————26

第2章　「特別の教科 道徳」の設置に関する動き　31

1. 道徳教育に求められるもの————33
2. 「特別の教科 道徳」設置の背景————34

3. 中央教育審議会の答申が示した「特別の教科 道徳」における改善策――― 36
　◆改善策(2)に示された「目標の明確化」について　36
　◆改善策(4)に示された「多様な道徳教育の指導方法」について　40
　◆改善策(6)に示された「成長を促すための評価」について　44

第3章　問題解決ワークショップを用いた「特別の教科 道徳」の具体的な授業実践　51

1. 問題解決ワークショップを
　「特別の教科 道徳」に取り入れることの意義―――53
2. 問題解決ワークショップを用いた
　「特別の教科 道徳」の具体的実践の骨格―――56
3. 本授業実践に盛り込まれた
　問題解決ワークショップの具体的実践の内容―――60
　①補充部：「役割取得」ワークショップを用いた登場人物の心情理解
　　　――視聴覚教材「ローザ・パークス事件」を通した心情理解　60
　②深化部Ⅰ：「ビッグ・ブレスト」ワークショップを用いた
　　道徳的価値の長短分析
　　　――「対極する二つの問題解決方法を比較・分析する」　72
　③深化部Ⅱ：「ビッグ・カルタ」ワークショップを用いた
　　道徳的認知の深化
　　　――「ガンディの知恵探し」　80
　④統合部：「実生活ブレイクダウン」ワークショップを用いた
　　道徳性の行動的側面形成　86
4. 学習の統合を図る内省深化アクティビティ―――96
　①言語活動の導入を図る意味　96
　②本実践の内省深化アクティビティから読み取れるもの　100
　③本実践の感想文から読み取れるもの　107

第4章 問題解決ワークショップを用いた「特別の教科 道徳」の授業実践を展開するうえでの工夫　117

1. KP法を用いた授業時間確保の視点────119
2. 漫画資料活用法を用いたユニバーサル・デザインの視点────121

第5章 子どもたちの道徳性の深まりを視覚化する「道徳セルフアセスメント・アンケート」と「自己評価シート」　125

1. セルフアセスメントを取り入れた道徳教育の必要性────127
2. 学級力あるいは学級の道徳性向上がもたらす効果────131
3. 「道徳性セルフアセスメント・アンケート」、「自己評価シート」への期待────134
4. 本実践の「道徳性セルフアセスメント・アンケート」と「自己評価シート」を通して見えてきた子どもたちの意識変容────136

第6章 道徳性の内面的統合を図り、道徳的実践を促す「道徳はがき新聞」の取り組み　147

1. 「はがき新聞」の活用────149
2. 「道徳はがき新聞」制作の具体的指導方法────152
3. 道徳性の行動的側面が身につく「道徳はがき新聞」────154

第7章 今後の課題
――中央教育審議会答申を乗り越える新しい発想の提案　**163**

1. 「特別の教科 道徳」と教科等の連携を推進することを目的とした
   指導体制のオムニバス化――**165**

第8章 「生きる力」と道徳教育
――これまでの学習指導要領に示された道徳教育の姿　**169**

1. これまでの学習指導要領でも再評価された「生きる力」――**171**
2. 「豊かな心」を伴った「確かな学力」を育む道徳教育――**175**
3. 2008年版　学習指導要領に示された道徳教育に関する視点――**179**

コラム 問題解決ワークショップを用いた「特別の教科 道徳」における授業実践への思い　**184**
――ロンドン大学教育研究所(IOE)短期学生国際交流プログラム報告

神奈川県公立学校A校 M教諭からの御手紙――**192**
おわりに――**195**
巻末資料――**200**
索引――**216**

イラスト：木田美友紀（早稲田大学教職大学院修了）
ブックデザイン・DTP：山中俊幸（クールインク）

問題解決ワークショップを用いた「特別の教科 道徳」を実践しよう

この章では、本書が紹介する問題解決ワークショップについて、その定義を示すとともに、本授業実践の中に組み込まれている特徴的な取り組みを、次の5点に集約して概観する。特徴的な取り組みの一つ目は、「特別の教科 道徳」における補充・深化・統合を組み入れた「小単元構成モデル」である。二つ目は、「内省深化アクティビティ（activity）」である。三つ目は、「道徳的認知深化法」である。四つ目は、「実生活ブレイクダウン（breakdown）」である。五つ目は、「道徳性セルフアセスメント・アンケート（self-assessment questionnaire）」と「自己評価シート」である（詳細については、後述する）。本授業実践は、これら五つの取り組みが有機的に作用し合うことによって、子どもたちの道徳性（認知的側面・情意的側面・行動的側面）を深め、道徳的価値を内面に統合していくことをめざすものである。そして、最終的には、子どもたちの道徳的実践力を高め、道徳的実践を可能とする意欲や態度をかれらの内面に育み、人格の完成を図ることを目標としている。読者の皆さんには、本章を通して、本授業実践の特徴的な取り組みについてのイメージを膨らませていただき、各章で紹介されている具体的な内容や解説、分析などをご覧いただきたい。

1. 問題解決ワークショップとは

「特別の教科 道徳」における問題解決ワークショップとはどのようなものであろうか。

筆者が考える「特別の教科 道徳」における問題解決ワークショップとは、「『特別の教科 道徳』においてテーマとして取り上げた社会的・科学的事象に対して、子どもたち自らが自主的・主体的なかかわりをもち、その事象に含まれるさまざまな課題の解決を、本書に示す問題解決ワークショップや内省深化アクティビティ、道徳的認知深化法、実生活ブレイクダウンなどを通して多面的・多角的な視点から総合的に図っていくことによって、子どもたちの道徳性の三側面（認知的側面、情意的側面、行動的側面）を深化していこうとする活動」である。

問題解決ワークショップを用いた「特別の教科 道徳」における授業実践を通して、子どもたちが社会に受け継がれている道徳的価値の本質を自ら発見したり、そのよさを実感したりすることができるようになれば、他者から教え込まれるものとしての道徳的価値ではなく、自ら出会い自分自身の力によって獲得した道徳的価値を、子どもたちは自己の内面に統合できるようになると考えるのである。言い換えれば、この問題解決ワークショップを「特別の教科 道徳」に取り入れることによって、子どもたちは、当該の授業において取り上げられた道徳的価値が社会に定着していく歴史的なプロセスを理解し、「道徳性の認知的側面」（押谷由夫・柳沼良太『道徳の時代をつくる！』教育出版、2014（平成26）年、p.27）を自己の内面に形成することができるようになると期待されるのである。

このほかに、この問題解決ワークショップを「特別の教科 道徳」に活用することによって期待される教育的効果は、子どもたちによる道徳的価値の獲得が教師対生徒という1対1対応的な学びの中で行われるだけに留まらず（一斉授業の際の教師による発問型の授業も実質的には1対1対応に陥りやすい）、学級対生徒という集団的な学びや、自分対自分といった内省的な学

びに転換することができるようになるということである。クラス全体を巻き込みながら行われる問題解決ワークショップを通して多面的・多角的な視点から総合的に認識された道徳的価値は、子どもたちの心に素直に浸透していくものと考えられる。また、素直な気持ちで獲得された道徳的価値は、子どもたちが自らの道徳性を深めていく際に、かれらの成長を後押ししてくれる役割を果たすことも期待される。道徳性の深まりは、子どもたちの心に「実際の場面で実践してみよう」という意欲や、「道徳的価値を大切にしていこう」といった態度の形成に深く寄与していくものと考える。そういった意味で、集団の力によって道徳的価値の本質に迫っていく活動、すなわち問題解決ワークショップを用いた「特別の教科 道徳」における授業実践は、子どもたちの「豊かな心」の育成を促す意味で必要とされる活動であると考えるのである。

　そもそも、道徳の概念とは、自分自身が他者あるいは自然や社会にどのように働きかけ、どのような関係を構築していくかといった命題に真摯に向き合うときに発生するものである。個が尊重される社会にあっても、それが無制限ではないということの背景には、「公共の福祉」という考え方が存在している。子どもたちが、社会に発生するさまざまな対立を自らの力で乗り越え、他者や自然、社会との協調を上手に図り、よりよい社会を創造することができるような力を身につけることができれば、「公共の福祉」を維持した中で、最大限に個々の個性を輝かせることができるようになるだろう。このような視点を踏まえて「特別の教科 道徳」の授業づくりをすることによって、社会全体の調和を図りながら個を相互作用的に成長させていくことも道徳教育に課された役割であると考える。

　本書が紹介する問題解決ワークショップは、次の四つである。詳細は、第3章-3（p.60〜）で紹介するが、ここではワークショップの名称を以下に示すこととする。

① 「役割取得」ワークショップ[*1]（登場人物の心情理解）
② 「ビッグ・ブレスト」ワークショップ[*2]（対立する価値の長短比較）
③ 「ビッグ・カルタ」ワークショップ[*3]（道徳的価値の弱点を補完する知恵探し）

④「実生活ブレイクダウン」ワークショップ（実生活で起こりうる問題の解決策づくり）

2. 「特別の教科 道徳」における補充・深化・統合を組み入れた「小単元構成モデル」とは

　本書が紹介する授業実践は、筆者作成の「『特別の教科 道徳』における補充・深化・統合を組み入れた小単元構成モデル（model）」に基づき、1単元につき4時間で構成されている。この小単元構成モデルを可能にする理論として、中央教育審議会の道徳専門部会委員である柳沼良太が示した「核心的価値（コア・バリュー）」（core value）理論（押谷由夫・柳沼良太、2014年、p.51）がある。この理論を用いると、学習指導要領に示された道徳的価値の内容項目（例えば中学校の場合は24項目）に「核心的価値（コア・バリュー）」と「派生的価値」をすえることによって、一つのテーマを複数回の授業で展開したり、複数価値を1セットにしたりするような小単元構成モデルに基づく授業実践が可能になるのである。この考え方についての詳細は、第3章（p.51〜）を参照してほしい。

　それでは、ここで「特別の教科 道徳」における補充・深化・統合を組み入れた「小単元構成モデル」とは何かについて整理していきたい。この考え方は、柳沼良太の提唱する「核心的価値（コア・バリュー）」理論（押谷由夫・柳沼良太、2014年、p.51）を援用した、複数回1セットの小単元構成モデルに基づく「特別の教科 道徳」の授業実践である。この小単元構成モデルに基づいて組み上げられる授業実践は、補充部1時間、深化部1〜2時間、統合部1〜2時間の合計3〜5時間で行われることが望ましい。このように、補充・深化・統合にそれぞれ1〜2時間の授業時間を配すことで、子どもたちが道徳的価値のより深い分析をしたり、対立する価値同士を比較・分析したり、他の事例との関連づけを行ってみたり、実生活の問題に引き寄せて活用したりする問題解決ワークショップを授業に導入する

ことが可能となる。つまり、子どもたちの道徳的な価値に対する思考や判断を深化あるいは統合する活動が、より多く保障されるようになるのである。このように、1授業時間の中で一つの価値項目を扱い、さらに補充・深化・統合までを図ってきた従来の「道徳の時間」の授業のあり方を大胆に改善し、小単元構成モデルに基づく授業実践において、複数時間をかけて、複数の道徳的価値項目を同時に深めるといった新しい授業のあり方を提案したいというのが本書のねらいである。

この小単元構成モデルをわかりやすく表にしたものが、[表▶1]（p.23）である。この表では、それぞれの回で扱う問題解決ワークショップと、内省深化アクティビティについて明示しているので参考にしてもらいたい。

3. 内省深化アクティビティとは

では次に、個人的内省を深める内省深化アクティビティについて解説したいと考える。

内省深化アクティビティとは、[表▶1]に示した通り「種々の問題解決ワークショップを通してグループで導き出した道徳的価値を、自分なりに振り返り、内省して、自分の言葉として整理し直す言語活動」のことである。この活動を毎回の授業の終わりに組み込むことによって、子どもたちが当該授業において取り扱った道徳的価値を、より深いメタ（meta）認知的な認識に昇華する効果を期待するのである。つまり、問題解決ワークショップを用いた一連の学習活動に内省深化アクティビティを組み込むことによって、そこで学んだ知識や技能、道徳的価値が子どもたちの内面に「腑に落ちた」という状態になるように、「特別の教科 道徳」の授業を作るのである。詳細については、第3章-4（p.96～）を参照していただきたい。

また、本小単元構成モデル全体が終了する時に行う「道徳はがき新聞」の課題も、内省深化アクティビティの一つである。「道徳はがき新聞」を

[表▶1]「特別の教科 道徳」における補充・深化・統合を組み入れた小単元構成モデルと、各回で扱う問題解決ワークショップならびに内省深化アクティビティ（activity）の例

	ねらいと特徴	問題解決ワークショップの例	内省深化アクティビティ（activity）の例
補充部（1時間）※道徳性の情意的側面の強化をねらう	教科において学習した内容を道徳的に補充することによって、「特別の教科 道徳」を要として学校の教育活動全体で道徳教育を深める意識を高める。したがって、ここで扱うテーマは、教科学習の道徳教育をさらに補充・深化させる内容になる。	●「役割取得」ワークショップ……登場人物の心情を、社会背景やその場に立たされた人々の状況などから推し測り、それらを根拠にして理解を深める。	●教材として取り上げた事例が、なぜ問題解決に導かれたと思うかについて、本時の学習内容を踏まえて自分の考えを簡潔に記す。これによって学習内容のメタ（meta）認知化を図る。
深化部Ⅰ（1時間）※道徳性の認知的側面の強化をねらう	本時において取り扱う道徳的価値項目を、対極する概念と比較・分析させ、それぞれのメリット・デメリットを多面的・多角的あるいは道徳的な視点から深化する。この活動によって、①当該の道徳的価値がなぜ尊いとされるのか、②その価値はすべての場合に全能といえるのか（欠点はないのか）、などの考察をする。	●「ビッグ・ブレスト」ワークショップ……当該授業で学習する道徳的価値とその対立概念のメリット・デメリットを比較・分析する。……当該道徳的価値のデメリットを補完すべき視点を考察する。	●教材として取り上げた道徳的価値について、自分ならそれを実行することができるかという質問に対する自らの考えを率直に記すことによって、当事者意識をもって活動に参加するようにする。●授業全体を通して、当該道徳的価値がなぜ尊いとされるのかを認識したうえで、困難に立ち向かった先人たちに対する自分の思いをまとめる。
深化部Ⅱ（1時間）※道徳性の認知的側面の強化をねらう	これまでの教材とは違う他の事象に関連づけることによって、道徳的価値のデメリットを補完すべき新しいアイディア（知恵や努力）への気づきを促進する。（今回の場合は、公民権運動からインド独立運動に関連づけを行った）	●「ビッグ・カルタ」ワークショップ……前回の学習で道徳的価値にも補完すべき弱点があることを理解した子どもたちは、他の事例（資料）から道徳的価値の弱点を補完するために先人たちが行った知恵や努力といった術を探求する。	●これまでの授業を通して考えた当該道徳的価値に対する自分なりの意見を記す。この活動を通じて、補充部と深化部の学習内容を整理しつつ、道徳的価値への理解を内省的に深める。
統合部（1時間）※道徳性の行動的側面の強化をねらう	実生活に起こりうる身近な問題について、これまでの学習の内容を踏まえながら解決策を導く。この活動を通して、当該授業で学んだ道徳的価値を自らの実生活に引き寄せて捉え、自己の内面に統合する。	●「実生活ブレイクダウン（breakdown）」ワークショップ……これまでの学習で得た問題解決スキル（skill）を活用して、身近な生活に起こりうる問題の解決を図る。	●「道徳はがき新聞」を作成し、今回の学習を通じて形成された自分なりの意思や決意をまとめる。この作業を通じて、道徳的価値の内面への統合を図る。

作成することによって、子どもたちは一連の学習活動の総括を行うと同時に、学んだ道徳的価値のよさを再確認したり、自分なりの気づきを振り返ってみたり、わきおこってきた決意や意欲を紙面に表明したりする。このような取り組みを通して、子どもたちが道徳的価値を自己の内面に統合していくことが主なねらいである。この取り組みについての詳細は、第6章（p.147〜）に示すので参照していただきたい（なお、「はがき新聞」は、公益財団法人　理想教育財団が推奨している学習活動である。本授業実践では、「はがき新聞」のアイディアを、問題解決ワークショップを用いた「特別の教科 道徳」における授業実践の内省深化アクティビティに活用させていただいている）。

4. 道徳的認知深化法とは

　本小単元構成モデルにおける道徳的認知深化法は、主に深化部で行う道徳的価値の深い分析活動の中に登場する。この分析活動には、深化部Ⅰの「ビッグ・ブレスト」ワークショップを用いた授業実践（道徳的価値のメリットとデメリットをその対立概念と比較・分析し、当該の道徳的価値の補完すべきデメリットや弱点を発見する）や、同じく深化部Ⅱの「ビッグ・カルタ」ワークショップを用いた授業実践（当該の道徳的価値のデメリットを補完するために、先人たちはどのような知恵と努力を考え出したのかを資料から考察する）も含まれる。
　つまり、道徳的認知深化法とは、「道徳的な課題や価値を多面的・多角的な視点から比較したり、分析したり、他の事象と関連づけて考察したりする総合的な活動を通して、より深い道徳的認知を促すことを目的とした一連の思考活動」をさす。こうした批判的な思考活動を行うことによって、子どもたちは、当該授業が学習対象とする道徳的価値について、その本質的な尊さ（真理）を見出すことが可能になるという効果が期待できるのである。詳細は、第3章-3-②（p.72〜）を参照していただきたい。

5. 実生活ブレイクダウンとは

　道徳教育は、とかく子どもたちの実生活の問題と乖離していて、どこか自分とは遠く、かけ離れた出来事として捉えられがちであるという問題点があると各方面から指摘されている。そこで、筆者は、子どもたちの実生活に起こりそうな日常的な問題をワークショップの課題（事例）として設定し、その問題解決に向けたアイディア（解決策）を子どもたちに考えさせる活動を本書にて提案している。本小単元構成モデルの統合部にあたる授業実践では、事前に行われた3時間（補充部・深化部Ⅰ・深化部Ⅱ）の問題解決ワークショップで学習したさまざまな知識や問題解決スキルを活用し、子どもたちが当該課題の問題解決にあたるのである。筆者はこれを、「実生活ブレイクダウン」と名づけた。

　この「実生活ブレイクダウン」ワークショップを用いた学習活動では、事前の3時間の授業において「役割取得」や、「ビッグ・ブレスト」、「ビッグ・カルタ」などの問題解決ワークショップで獲得された知識や技能が活用され、子どもたちの問題解決の思考が「私目線の解決法」から「あなた目線の解決法」を経由して、「集団目線の解決法」へと深化していく様子が授業観察の中で見てとれた。筆者は、これを「問題解決の3段階ステップ」と名づけ、子どもたちの質的データを基に考察を加えた（詳細は、第3章-3-④ [表▶6]（p.91）・[表▶7]（p.93）を参照）。

　一方、「実生活ブレイクダウン」ワークショップを行うことによって、子どもたちの中に「『特別の教科 道徳』の授業を通して学んだ問題解決スキルが、自分たちの身近な問題解決場面にも活用することができるんだ」といった意識を芽生えさせる効果も見込むことができる。また、本小単元構成モデルが取り扱っている教材は、もともと教科における道徳教育を補充・深化・統合する視点からスタートしているので、教科学習の中で学んだ知識や技術が子どもたちの身近な生活で活用できるということに気づくことも期待される。このように、教科学習を道徳学習と関連させることによっ

て相乗的に子どもたちの道徳性を深めることができるといった意味においても、有効なワークショップである。以上のような根拠をもとに、この「実生活ブレイクダウン」ワークショップは、「学校の教育活動全体を通して行われる道徳教育をなす教材」と位置づけることができるのではないかと考える。詳細については、第3章-3-④（p.86～）を参照していただきたい。

6. 道徳性セルフアセスメント・アンケートとは

　最後に、「道徳性セルフアセスメント・アンケート」を紹介する。「道徳性セルフアセスメント・アンケート」とは、柳沼良太が提唱する「道徳性の三側面」（押谷由夫・柳沼良太、2014年、p.27）の理論をもとに、筆者が考案した簡易的なセルフアセスメント・アンケートである。問題解決ワークショップを用いた「特別の教科 道徳」における授業実践を受ける前に、子どもたちはその時点における自らの道徳性の状態をセルフアセスメント（self-assessment）する。ここで得られたデータを集計し、学級全体の道徳性の現状をレーダーチャート（radar chart）によって視覚化することで、学級集団として伸ばしていくべき長所や、改善していくべき課題を子どもたちが客観的に把握できるようにする。こうした事前の「道徳性セルフアセスメント・アンケート」によって、子どもたち一人ひとりが学級全体の道徳性をどのように高めていくべきかといった議論を行い、具体的な行動目標を子どもたち同士で事前に設定するのである。

　その「道徳性セルフアセスメント・アンケート」は、次のような内容項目によって構成されている。

道徳性セルフアセスメント・アンケートの内容項目（要点）

1.道徳性の認知的側面として……①過去の教訓の活用に関する項目

```
                              ②事象の長短の判断に関する項目
   2.道徳性の情意的側面として……③他者の心情理解に関する項目
                              ④社会など公共への配慮・理解に
                               関する項目
   3.道徳性の行動的側面として……⑤多角的な解決方法を導く意欲に
                               関する項目
                              ⑥よりよい解決方法を選択する意欲
                               に関する項目
```

　なお、この「道徳性セルフアセスメント・アンケート」は、子どもたちが本授業実践を通して身につけたい行動目標にやがて活用していくことができるように、各内容項目をあらかじめ設定している。また、本授業実践終了後に、この「道徳性セルフアセスメント・アンケート」と同じ内容項目について、その項目に対する理解が高まったかどうかを子どもたちに確認する「自己評価シート」を用意して、学習活動後に道徳性の深まり具合いを自己評価させる。そして、本授業実践の事前に行う「道徳性セルフアセスメント・アンケート」と、事後に行う「自己評価シート」をともにレーダーチャート化して前後のデータを比較したときに、子どもたちの道徳性にどのような変化が生じたのかについて、かれらと共に確認する活動を行う。このように、全体における確認作業をすることによって、子どもたちの間にも当該教材に対する当事者意識がわき、「特別の教科 道徳」がより身近で現実味のある授業になっていくのではないだろうかと筆者は考えている。そして、レーダーチャートで明らかになった自分のクラスの道徳性に関する改善点について、「クラス全体で克服しよう」という目標を子どもたちに設定させることができる本自己診断・自己評価のツールは、とても大きな教育効果をもつものであるということができると考えるのである。詳細は、第5章（p.125～）を参照願いたい。

　以上のようなオリジナルのアイディア5点を盛り込んだ問題解決ワークショップを用いた「特別の教科 道徳」における授業実践についての提案が、

本書を通して筆者が紹介したい内容である。「実生活ブレイクダウン」ワークショップを含む各種の問題解決ワークショップを用いた学習活動を通して、子どもたちは仲間との考察や自らの内省を深め、道徳性の尊さを本質的に実感することができるようになる。そして、自らも将来的に社会をよりよく改善するような力を備えていこうという道徳性を内面に形成しながら、道徳的実践の主体に成長していくことを望むようになると考えられるのである。また、子どもたちが、「道徳性セルフアセスメント・アンケート」と「自己評価シート」を用いて道徳性形成のR-PDCA活動を実践することにより、目標意識をもちながら学習活動を展開することができるようになるとも考える。

　この一連の小単元構成モデルは、上記のような効果を伴って、教科において学習した道徳教育を補充・深化・統合できる優れものなのである。ぜひ、この小単元構成モデルに基づく問題解決ワークショップを用いた「特別の教科 道徳」の授業実践の考え方を、読者の皆さんにも活用していただき、今後、さまざまなタイプの「特別の教科 道徳」の授業を構想していただくことができれば光栄である。

脚注

＊1 「役割取得」ワークショップ……本書が第3章（p.51〜）に提案する具体的授業実践では、1時間目の補充部において、教科学習で既習のアメリカ公民権運動について扱った視聴覚教材を課題（テーマ）にして、登場人物の道徳的心情理解を促すための「役割取得」ワークショップを導入している。この授業実践は、子どもたちに道徳的心情理解を促すことが目的である。このワークショップでは、登場人物の人間関係を相関図にしたプリントを用意している。子どもたちはその中に配置された吹き出しに、登場人物の感情や行動、その根拠（社会的背景・歴史的背景など）を記入する。このような活動を通して、「他者の行動の背景を読む力」を形成しようとしている。他者と意見が対立するようなときに、話し合いという手法を用いて問題解決するには、他者に対する敬意や相手を承認する心、傾聴する心などが必要である。そのためには、相手の立場や状況などを理解することが不可欠である。この活動は本授業実践がめざす問題解決ワークショップの理念を根底から支えるワークショップである（詳細は第3章（p.51〜））。

＊2 「ビッグ・ブレスト」ワークショップ……本書が第3章に提案する具体的授業実践では、2時間目の深化部Ⅰにおいて、「暴力的解決方法」と「非暴力的解決方法」のメリット・デメリットを考えるための「ビッグ・ブレスト」ワークショップを導入している。これは、当該授業で取り上げている道徳的価値がなぜ尊いとされているのかについて、子どもたちが価値の長短分析を通して考えるといった深い道徳的思考力・判断力を促すことを目的とした活動である。

「ビッグ・ブレスト」ワークショップとは、通常はグループワークの中で行われるブレーンストーミング（brainstorming）を、クラス全体の規模で行うワークショップである。クラスをグループに見立て、グループを個人に見立ててブレーンストーミングを行っている。通常のワークショップ型の実践において利用される付箋に相当するものとしては、ミニホワイトボードを採用している（詳細は第3章（p.51〜））。

＊3 「ビッグ・カルタ」ワークショップ……本書が第3章に提案する具体的授業実践では、3時間目の深化部Ⅱにおいて、前2時間の学習内容をインド独立の祖・ガンディに関連させている。これは、「非暴力による問題解決」という道徳的価値を多面的・多角的な視点から総合的に捉える力を子どもたちに育成することをめざした活動である。ここでは、民衆の「非暴力による問題解決」という行動を維持するために、かれが考え出した様々な知恵について、クラス全体で探究する活動を行っている。これが、「ビッグ・カルタ」ワークショップである。この活動を通して、当該の道徳的価値の弱点にも目を向けさせ、それを補完するために先人たちが行った知恵について考えさせ、深い道徳的認知を促すことが目的である。

通常は、グループワークや個人ワークの中で行われるカルタ（イメージマップ（image map））を、クラス全体の規模で行うワークショップである（詳細は第3章（p.51〜））。

本文編　参考文献・引用文献（本文出現順）

◆1　柳沼良太「4『特別の教科 道徳』をどう計画するか」、押谷由夫・柳沼良太編著『道徳の時代をつくる!-道徳教科化への始動-』教育出版、2014（平成26）年、pp.24-31

◆2　柳沼良太「2 指導内容を設計する」、押谷由夫・柳沼良太編著『道徳の時代をつくる!-道徳教科化への始動-』教育出版、2014（平成26）年、pp.50-55

「特別の教科 道徳」の設置に関する動き

本章では、「特別の教科 道徳」が新設される背景や意義について、2014（平成26）年10月に示された中央教育審議会の答申「道徳に係る教育課程の改善等について」の中で示された道徳教育の意義や課題から概説する。

　特に、中央教育審議会の答申が示した改善提案のうち、本書が主題とする問題解決ワークショップを用いた「特別の教科 道徳」における授業実践との関係が深い部分、すなわち改善策の「(2) 目標を明確で理解しやすいものに改善する」と「(4) 多様で効果的な道徳教育の指導方法へと改善する」、「(6) 一人一人のよさを伸ばし、成長を促すための評価を充実する」の三つの視点について詳しく述べていくこととする。

　なお、答申の提言をより詳しく理解するために、中央教育審議会道徳教育専門部会の主査を務めている押谷由夫や同専門部会委員の柳沼良太らが編著した『道徳の時代をつくる！-道徳教科化への指導-』を参考にしながら解説する。この章を読者の皆さんにお読みいただければ、筆者がなぜ問題解決ワークショップを用いた「特別の教科 道徳」における道徳の授業実践を必要と考えているかが、おわかりいただけるのではないかと考える。

（注）2014年10月に示された中央教育審議会の「道徳に係る教育課程の改善等について」（答申）に基づいて、2015（平成27）年3月に改訂版の学習指導要領が公示された。この中には、「考え、議論する」といった新しい「道徳科」の指導のあり方（問題解決的な学習など）や、評価のあり方（パフォーマンス評価、ポートフォリオ評価、自己評価など）が示されている。本実践は、2014年10月の中央教育審議会の答申を受け、その理念を先行的に反映させた実践として、同年11月に実施したものである。そして本書は、この実践で行ったさまざまな取り組みを読者の皆さんに紹介するために、2015年3月に執筆されたものである。改訂版学習指導要領については、十勝教育局義務教育指導班がわかりやすくまとめた新旧対照表（2015年3月）を、先方の承諾を得て巻末（p.204）に掲載したので参照願いたい。

1. 道徳教育に求められるもの

　まずは、道徳性や道徳的実践をする力の育成をめざす道徳教育の意義や使命について、中央教育審議会の答申「道徳に係る教育課程の改善等について」(中央教育審議会答申、2014年、pp.1-2)をもとにして捉えていきたい。
　中央教育審議会の答申は、道徳教育を通じて育成される道徳性について、「『豊かな心』はもちろん、『確かな学力』や『健やかな体』の基盤ともなり、児童生徒一人一人の『生きる力』を根本で支えるもの」であると示している。また、道徳教育については、「個人のよりよい人生の実現はもとより、国家・社会の持続的発展にとっても極めて重要な意義をもっている」(中央教育審議会答申、2014、p.1)と意義づけたうえで、教育基本法が教育の目的に示している「人格の完成」を達成するために、その基盤となる道徳性を子どもたちに育成する使命をもつと説明している。これらの視点をまとめると、学校において行われる道徳教育の意義は、道徳教育を通じて子どもたちの道徳性を高めることによって、人格の完成を図り、個人および国家・社会の幸福実現をめざしていく活動であるということがいえる。

　次に、中央教育審議会の答申で示された、これからの道徳教育に求められる二つの課題について、引用文を提示したい(中央教育審議会答申、2014、p.2より。①と②の番号は便宜的に筆者が付けた)。

①「人間尊重の精神と生命に対する畏敬の念を前提に、人が互いに尊重し協働して社会を形作っていく上で共通に求められるルールやマナーを学び、規範意識などを育むとともに、人としてよりよく生きる上で大切なものとは何か、自分はどのように生きるべきかなどについて、時には悩み、葛藤しつつ、考えを深め、自らの生き方を育んでいくことが求められる。」

② 「グローバル化が進展する中で、様々な文化や価値観を背景とする人々と相互に尊重し合いながら生きることや、科学技術の発展や社会・経済の変化の中で、人間の幸福と社会の発展の調和的な実現を図ることが一層重要な課題となる。」

　ここに示された二つの視点からも理解できるように、中央教育審議会の答申は、子どもたちが社会参画する際に必要とされる人間尊重や協働の精神などの社会性や道徳性を、道徳教育の中で育んでいくことを求めているのである。同時に、グローバル（global）化する社会情勢の中で、多様な価値観が世の中に存在していることを相互に承認し合うような高い倫理観が育まれることも期待しているともいえる。これらはいずれも、社会を構成する一人ひとりが、よりよい社会を実現し、他者と共に幸福の実現を追求することをめざすものであると考えることができる。

2. 「特別の教科 道徳」設置の背景

　従来の道徳教育については、中央教育審議会の答申などによって指摘されているように、「道徳教育の要である道徳の時間において、その特性を生かした授業が行われていない場合がある」、「発達の段階が上がるにつれ、授業に対する児童生徒の受け止めがよくない状況にある」、「学校や教員によって指導の格差が大きい」（中央教育審議会答申、2014、p.2）など、多くの課題が存在する。

　また、一部に「児童生徒に特定の価値観を押し付けようとするものではないか」（中央教育審議会答申、2014、p.2）という批判が存在することも中央教育審議会の答申は取り上げていて、これに対しては次のような反論もなされている。その反論とは、「特定の価値観を押し付けたり、主体性をもたず言われるままに行動するよう指導したりすることは、道徳教育が目指

す方向の対極にあるものと言わなければならない。むしろ、多様な価値観の、時に対立がある場合を含めて、誠実にそれらの価値に向き合い、道徳としての問題を考え続ける姿勢こそ道徳教育で養うべき基本的資質であると考えられる」(中央教育審議会答申、2014、p.3) というものである。つまり、道徳的な価値を子どもたちに押しつけるような方法ではなく、その意義や役割などを深く考察させて、本質的な理解を促すことを答申は道徳教育に求めているのである。さらに、答申は、「必要があればそれをよりよいものに変えていく力を育てることをも目指していかなくてはならない」(中央教育審議会答申、2014、p.3) とも主張し、「価値の押し付け」論に対する反論を示しているのである。つまり、道徳的価値を絶対的なものとみるのではなく、道徳的価値でさえも十分でないこともあり、こうした場合にはその不十分な部分を補完してよりよく改善していくことも必要であるという見方を示しているのである。この立場に立てば、もともと道徳的価値を絶対的なものと捉えていないので、押しつけの対象にそもそもなっていないのである。

このように、中央教育審議会の答申は、従来の道徳教育について改善すべき課題が山積していて、期待される役割を十分に果たしていないという総括をしている。特に、「道徳の時間」については、「各教科等に比べて軽視されがちで、道徳教育の要として有効に機能していないことも多く、このことが道徳教育全体の停滞につながっている」(中央教育審議会答申、2014、p.4) と指摘されていることをあげ、改善が必要であることを訴えている。

こうした背景を受けて登場したのが、「特別の教科 道徳」である。従来の「道徳の時間」を「特別の教科 道徳」とすることによって、「学習指導要領に示す目標、内容を道徳の時間よりも体系的、構造的で明確なものとするとともに、指導方法や評価の在り方についても一貫した理念のもと改善を図ることにより、学校の教育活動全体を通じて行う道徳教育の要としての性格を強化し、それ以外の各教科等における指導との役割分担や関連の在り方等を改善することが必要」(中央教育審議会答申、2014、p.5) であると、中央教育審議会の答申は示している。

3. 中央教育審議会の答申が示した「特別の教科 道徳」における改善策

　ここからは、「特別の教科 道徳」の設置に伴い、改善が求められたいくつかの視点についてまとめていきたい。改善される点は、以下の六つである（中央教育審議会の答申に示された項目名で(1)～(6)に記す）。

［改善策］
(1)「道徳の時間」を「特別の教科 道徳」(仮称)として位置付ける
(2) 目標を明確で理解しやすいものに改善する
(3) 道徳の内容をより発達の段階を踏まえた体系的なものに改善する
(4) 多様で効果的な道徳教育の指導方法へと改善する
(5)「特別の教科 道徳」(仮称)に検定教科書を導入する
(6) 一人一人のよさを伸ばし、成長を促すための評価を充実する

　ここでは、この(1)～(6)の改善策のうち、本書のテーマに関係する(2)(4)および(6)の視点についてまとめていくことにする。

◇改善策(2)に示された「目標の明確化」について

　まずは(2)の視点についての解説をする。従来、目標については、道徳教育が「道徳性」の育成を目標としているのに対し、「道徳の時間」が「道徳的実践力」の育成を目標としているので、両者の間にどのような関係があるのかといった議論が今でもなされている。中央教育審議会の答申に基づき、それぞれの概念を整理すると次のようになる（中央教育審議会答申、2014、pp.6-7）。

道徳性…………	「人間としての本来的な在り方やよりよい生き方を目指してなされる道徳的行為を可能にする人格的

	特性」のこと
道徳的実践力…	「人間としてよりよく生きていく力」「一人一人（略）が道徳的価値の自覚及び自己の生き方についての考えを深め、将来出会うであろう様々な場面、状況においても、道徳的価値を実現するための適切な行為を主体的に選択し、実践することができるような内面的資質」のこと

　この「道徳性」と「道徳的実践力」という概念が、従来からその育成方法において「全く異なるものである」とか、「道徳の時間には、道徳的習慣や道徳的行為に関する指導を行ってはならない」といった誤解が生じており、その結果、現場に混乱を与え、「指導の幅を狭めてしまったりした面もある」（中央教育審議会答申、2014、p.7）としている。こうした事態に対して、中央教育審議会の答申は、「道徳の時間」であっても、子どもたちの主体的な道徳的実践につながるような効果を見込める場合には、「道徳的習慣や道徳的行為について、その意義を含めた指導を取り入れることがあってよい」（中央教育審議会答申、2014、p.7）と示しているのである。そのうえで、道徳教育の目標を「道徳性」の育成とし、「特別の教科 道徳」の目標を「様々な道徳的価値について自分との関わりも含めて理解し、それに基づいて内省し、多角的に考え、判断する能力、道徳的心情、道徳的行為を行うための意欲や態度を育てることなどを通じて、一人一人が生きる上で出会う様々な問題や課題を主体的に解決し、よりよく生きていくための資質・能力を培う」（中央教育審議会答申、2014、pp.8-9）とすることを提案しているのである。

　この考え方について、中央教育審議会道徳教育専門部会の主査を務めている押谷由夫は、「道徳教育では道徳性を養い、『道徳の時間』では道徳的実践力を養うという誤った認識があるように思う。そうではなく、『道徳の時間』でも当然道徳性を養うし、学校教育活動全体で行われる道徳教育においても当然道徳的実践力が養われる。このような誤解を生まないためにも、『特別の教科 道徳』は道徳教育の要であることの意味をしっかりと

[表▶2] 押谷が示す「道徳性の諸様相」(筆者が整理)

道徳的実践力	道徳的実践を支える内面的な力。現在だけでなく将来にも力を発揮できるようなもの。
道徳的実践	道徳的な行為をすること。その中には、道徳的な事柄について調べてみたり、聞いてみたり、考えたり、試してみたり、振り返ってみたりすることすべてが含まれる。
道徳的心情	善悪に気づき、善のよさや悪の醜さを感じ取り、善なることを行おうと心が動かされる感情(この部分がしっかりはぐくまれていないと、考えることや行動することが善に向かわないことも起こる)。
道徳的実践意欲・態度	道徳的心情の高まりによって引き起こされるもの。
道徳的判断力	人間としてどのように対処すべきかをさまざまな状況下で判断する力。
道徳的価値の自覚	道徳的価値に照らして自分を見つめ課題追究の意欲を高めること。

押谷由夫・柳沼良太『道徳の時代をつくる!』教育出版、2014年、p.6-7

伝えていく必要がある(略)。道徳性は、自律的に道徳的実践ができるようになることであるとすれば、当然道徳的実践に関する要の役割も果たさねばならない(それは単純に道徳的実践をするという意味ではない)」(押谷由夫・柳沼良太『道徳の時代をつくる!』教育出版、2014(平成26)年、p.6)と述べている。つまり、「特別の教科 道徳」を道徳教育の要として再認識し、「特別の教科 道徳」が「道徳性」と「道徳的実践力」の双方の育成を図ることについての必要性を説いているのである[表▶2]。

さらに、国立教育政策研究所総括研究官の西野真由美も、この議論について、「性急な行動変化を求める授業では内面の変化につながらないという懸念はもっともだが、この『報告』で指摘されているように、道徳的実践力は将来に生きる内面的資質だから現在の行動に結びつかなくてよいかのように理解されるなら、それは『曲解』と言うべきだろう。『力』にはもともと、潜在力と実際に発揮された力という二つの側面がある。『生きる力』や『学力』も内面的な資質・能力を含むものであり、道徳的実践力だけことさらに『内面的』と強調することは、かえって『生きる力』への理解を妨げることになりかねない」(押谷由夫・柳沼良太、2014、p.33)と示唆している(ここでいう「報告」とは、2013(平成25)年12月の道徳教育の充実に関す

る懇談会「今後の道徳教育の改善・充実方策について（報告）」のこと）。

　このような見解にも代表されるように、道徳性と道徳的実践力は、「特別の教科 道徳」を要として学校教育全体で育成していくべきであると筆者も考える。私たち教師が子どもたちに指導を通じて最終的に教え、育みたいことは、子どもたちが道徳的習慣や道徳的行為の意義をしっかりと理解したうえで、実践の場面において適切な行動を自らの主体的な判断で選択し、実行していけるような資質や能力を育成することである。したがって、「特別の教科 道徳」において、道徳的価値の習得だけを促す指導に留まらず、場合によっては道徳的習慣や道徳的行為についての具体を指導することも積極的になされる必要があると考える。

　中央教育審議会道徳教育専門部会の委員を務めている柳沼良太は、この点について、「道徳的心情や態度など情意的側面ばかりを偏重する傾向」にあった従来の「道徳の時間」に対する指導観を改め、今後設置される「特別の教科 道徳」では、「道徳に関する基礎・基本の知識や技能を習得するという『基本的な認知的側面』、道徳的問題を自ら考え主体的に判断し解決するという『応用的な認知的側面』、さらには道徳的に行動し習慣を形成するという『行動的側面』についても重視すべき」（押谷由夫・柳沼良太、2014、p.21）であるとしている。また、柳沼は、現行の学習指導要領が示す道徳的な諸様相に関する記述についても「道徳的な心情、判断力、実践意欲と態度など」の末尾に付された「など」に『思考力』『行動力』『習慣』の三つを明記すべき」としたうえで、「生きる力」と関連づけて、「道徳的内容に関する知識・技能を習得し、それらを活用して、論理的・創造的・批判的に思考する力、主体的に善悪を判断する力、そしてさまざまな道徳的問題を解決する力」を新しい道徳教育の柱に据えるべきであると提唱している（押谷由夫・柳沼良太、2014、p.47）。

　こうしたさまざまな意見を背景に、中央教育審議会は答申の中で、今後の道徳教育について「道徳の時間において、道徳的習慣や道徳的行為に関する指導を一切行ってはならないということではない。道徳の時間においても、道徳的価値の自覚に基づき、道徳的行為を主体的に選択し、実践するための資質・能力を育む上で効果的と考えられる場合には、児童生徒の

発達の段階を踏まえ、必要に応じ、例えば、基本的なマナー、人間関係の形成やコミュニケーションの在り方などの道徳的習慣や道徳的行為について、その意義を含めた指導を取り入れることがあってよい」(中央教育審議会答申、2014、p.7) という姿勢を示している。したがって、これからは「道徳性の三側面」[*1]、つまり認知的側面(思考・判断力)、情意的側面(心情・態度)、行動的側面(行動力、習慣)をバランスよく育んでいくことができるような系統性のある道徳の指導計画を考えてよいと判断する。

今回の中央教育審議会の答申を支持する多くの先行研究者が指摘するように、道徳的行動を伴わない道徳的実践力は、単に道徳的価値のよさを知識として理解したにすぎない、と筆者も考えている。授業を通して、子どもたちが道徳的価値のよさを知ったのなら、子どもたちがそれを具体的な場面で実践的に活用してみたいという意欲を後押しするような機会を用意することが、「特別の教科 道徳」にあってもよいのではないだろうか。

これからの道徳教育は、教師が一元的に誘導することによって道徳的価値を子どもたちに教え込んでいくような従来の指導法に加えて、当該の道徳的価値がなぜ尊いとされるのかに気づくためのさまざまな仕掛けを用意することが、ますます重要になってくると考える。そして、子どもたち自身が、その価値の本質的なよさを確信し、実際の具体的実践の場面でよりよい道徳的な判断や行動を選択・実践してみたくなるような道徳の授業、すなわち本書が提案する問題解決ワークショップを用いた「特別の教科 道徳」の授業づくりや「特別の教科 道徳」と教科学習を連携させたクロス・カリキュラム[*2](cross curriculum)を手掛けていく必要があると考える。本書が提案する本授業実践は、教科における道徳教育では十分に深めきれない道徳性(認知的側面、情意的側面、行動的側面)を、「特別の教科 道徳」において補充し、深化し、統合する「小単元構成モデル(model)」に基づくものである(詳細は第3章(p.51～)を参照)。

◇改善策(4)に示された「多様な道徳教育の指導方法」について

次に(4)の視点について解説する。中央教育審議会の答申は、多様で効

果的な道徳教育の指導方法として対話・討論・内省・熟慮・思考の深化・体験活動などを積極的に取り入れることを提起したうえで、「特別の教科 道徳」について以下の八つの指導方法[表▶3]を提案したのである。

いずれの方法も、子どもたちが道徳的価値に対する自覚を深化し、身の回りの諸課題に自らが主体的にかかわって、よりよく社会の問題を解決するような資質や能力を育成するために提案されたものである。

中央教育審議会の答申は、これからの道徳教育の指導方法として、言語活動や問題解決的な学習を展開する可能性についても触れ、「児童生徒一人一人がしっかりと課題に向き合い、教員や他の児童生徒との対話や討論なども行いつつ、内省し、熟慮し、自らの考えを深めていくプロセスが極めて重要である」としたうえで、「このことを踏まえ、『特別の教科 道徳』(仮称)においても、そのねらいの達成に向け、言語活動や多様な表現活動

[表▶3] **中央教育審議会の答申が提示した「特別の教科 道徳」における多様な指導方法**
(筆者が整理・分類)

筆者による指導方法の分類	答申に示された具体的な指導
①思考・判断促進型の授業	言語活動や多様な表現活動、経験や体験などを通じ、子どもたちに考えさせる指導
②意義発見型の授業	授業において扱う内容の学ぶ意義を理解させる指導
③学習内容リフレクション型の授業	学びを振り返らせる指導
④複数内容項目連結型の授業	授業1単位時間につき、一つの内容項目に限定するのではなく、複数の内容項目を関連づけた指導
⑤複数時間拡大型の授業	一つの内容項目を複数の授業時間において扱うような指導
⑥他教科・他領域連携型の授業	関連する各教科での指導や家庭との連携を密にした指導
⑦道徳的実践型の授業	道徳的習慣や道徳的行為に関する指導
⑧アクティブ・ラーニング型授業	問題解決的な学習、体験的な学習、役割演技、コミュニケーションに係る具体的な動作・所作の在り方に関する学習などの指導

2014(平成26)年、中央教育審議会答申、p.11

等を通じて、また、実際の経験や体験も生かしながら、児童生徒に考えさせる授業を重視する必要がある。互いの存在を認め尊重し、意見を交流し合う経験は、児童生徒の自尊感情や自己への肯定感を高める上でも有効と考えられる」(中央教育審議会答申、2014、p.11)という指針を示している。

　この背景には、多様な価値観が複雑に絡み合う激動の現代社会を子どもたちがよりよく生きるためには、自らの思考や判断の裏づけとなる価値観を子どもたちの内面に形成する必要性があるという考えがある。子どもたちが自らの内面に自分なりの判断基準をもつようになるためには、上越教育大学大学院教授(当時は准教授)の白木みどりが雑誌『道徳教育』の中で述べているように、「道徳的価値についての多様な思考経験と様々な価値観との出会いの累積が必要である。場合によっては、教師が一元的に思考ベクトルを操作する基本型の授業スタイルだけでは、耐え得ない現状に子どもがおかれているともいえる。そこで、複数の道徳的価値を複雑に内包しているリアリティある教材(資料)の思考課題に対する子ども主体の議論の効果を看過することはできない。同時に複数の道徳的価値について思考を深め、道徳的価値を選び取るという道徳的実践力の育成をねらう授業スタイルも、今後は必要であろう」(白木みどり「発達段階を考慮した授業の開発が重要」、『道徳教育(No.669)』明治図書、2014、p.19)という視点にたった新しい道徳学習のあり方、つまり本書が提案しているような問題解決ワークショップを用いた「特別の教科 道徳」における授業実践への期待が高まってくる。

　しかし、白木が提唱するこの種の言語活動、表現活動、問題解決活動を取り入れた問題解決ワークショップ型の道徳教育は、前述のような多大な効果が見込めるメリットがある一方で、その実践には相応の時間的ゆとりが保障されないと実施が困難というデメリット(問題点)があると筆者は分析している。現行の学習指導要領　道徳編では、そこに示された道徳的価値の内容項目(小学校低学年で16項目、中学年で18項目、高学年で22項目、中学校で24項目(p.200～巻末資料))について、すべてを相当する学年において取り上げなければならないと規定されており、年間で35時間しか配当されていない「道徳の時間」の中で、本書が提案しているような活用学習をど

のように取り入れていけばよいのかといった不安を指摘する声もある。

　このような課題がある中で、中央教育審議会の答申では、「授業1単位時間につき、一つの内容項目に限定するのではなく、複数の内容項目を関連付けた指導を行うことや、一つの内容項目を複数の時間で扱うような指導を行うことなどもあってよい。特に、各学校において重点的な指導を行う内容については、『特別の教科 道徳』(仮称)を要として、関連する各教科等での指導や家庭との連携を密にした計画的な指導を行うなどの工夫も求められる」(中央教育審議会答申、2014、p.11)としたうえで、いくつかの内容項目を一つの核心的(あるいは最大公約数的)な道徳的価値項目に集約して、重点的な指導を実践していく可能性について肯定する意向を示している。

　この点について、柳沼良太は、道徳的価値項目に係るこの種の課題を解決するために、「核心的価値(コア・バリュー)」(core value)という考え方を示している。この考え方は、「『自律』『思いやり』『正義』『尊重』『責任』『公共心』などを我が国の中核的価値として設定する。そして、それぞれの中核的価値にいくつかの派生的価値を付けて重点的に指導する」ことによって、「指導内容を精選して絞り込み、発達の段階に応じて重点化と明確化を図る」(押谷由夫・柳沼良太、2014、p.51)というもので、これが可能になれば、ここでいう道徳的価値項目に係る課題をクリアできるとしている。同時に、柳沼は、現行の学習指導要領 道徳編に示された道徳的価値項目に係る一文があることによって「学校行事や学級の課題などに応じて臨機応変に変更することさえ許されない」事態が生じ、「道徳授業の内容が形骸化する恐れもある」(押谷由夫・柳沼良太、2014、p.29-30)と指摘したうえで、「特別の教科 道徳」が今後、柔軟な対応をすることができるようになるように、この文言の削除や修正を訴えている。

　筆者は、本授業実践の授業設計に際し、柳沼の「核心的価値(コア・バリュー)」理論を用いて、問題解決ワークショップを用いた「特別の教科 道徳」における授業実践づくりを行っている。それは、白木が述べているところの子どもたちが自らその価値の尊さや良さに気づき、道徳的実践の場面でよりよい方法を選択し、自ら行動したくなるような(教師の手によって一元的な価値に導く従来の方法から少し離れた)自律的かつ主体的な人格を育む道徳教

育である。実際の実践場面で、相手の立場を瞬時に理解し、より正しい判断を選択できる実践力が子どもたちに備わることは、価値観が多様化・複雑化し変化が激しくなっている現代を子どもたちが生き抜いていくためにも必要なことであると考える。道徳的価値の本質的な理解を促すという問題解決ワークショップを用いた「特別の教科 道徳」における本授業実践のような取り組みは、子どもたちが学習した知識や経験を知恵へと転換することにつながり、学力形成が人格形成の一部に融合したことになると考える[*3]。つまり、道徳的価値に対する理解が、子どもたちの認識の中で十分に深まることによって、子どもたちの内面から道徳的実践意欲がわきおこり、その結果、道徳的実践が実行されるという流れが完成するのである。ここに、「豊かな心」を伴った「確かな学力」が、子どもたちの内面に確固たるものとして形成され、学びは生きた「知」へと昇華するものと考えられるのである。

✧改善策(6)に示された「成長を促すための評価」について

　従来、道徳における評価については、「心を測るべきではない」「内面的資質は測れない」(押谷由夫・柳沼良太、2014、p.62)という主張がなされ、避けられてきたようである。柳沼良太は、この現象の発生原因を、「道徳の評価に悪いイメージがあるのは、子どもの人格や生き方を評定して値踏みすることや、入試のように子どもを序列・選別することにつながると思われるからである」と考察している。さらに、続けて「こうした誤解は、そもそも評価とは何かを理解していないことから起こることが多い」としたうえで、「評価とは、子ども一人一人が学習指導要領に示す内容を確実に身につけているかを把握し、それを通じてのちの学習活動や教育活動の改善に役立てるためのものである」と示し、日本の今までの評価の実効性についての疑問にも言及している(押谷由夫・柳沼良太、2014、p.62)。
　なるほど、筆者の現場経験を振り返ってみても、柳沼のこういった指摘は納得できる。入学試験や学校の「社会選抜・社会配分的機能[*4]」の影響を受けてなのか、日本の評価は柳沼の分析通り、絶対評価に移行した現在に

おいても、いまだ「相対主義的絶対評価[*5]」という性格から抜け出せていないことは否めない。こうした次元で道徳の評価が語られたときに、前述に柳沼が示したような各方面からの反論が出てくることも納得がいくのであるが、そもそもこういった批判が生じる根本的な原因となっている従来の評価観を改善していくべきであると考える。柳沼が言うように、道徳の評価は、子どもたちの学習の習得状況の確認と、今後の学習改善に生かすための形成的評価だということを、教師はしっかりと認識すべきである。

　さて、話は戻り、道徳の評価について述べていきたいと考える。中央教育審議会は、「特別の教科 道徳」における評価のあり方について、どのように示しているのであろうか。中央教育審議会の答申を参考に概観を捉えていきたい。

　中央教育審議会の答申は、「教育において指導の効果を上げるためには、指導計画の下に、目標に基づいて教育実践を行い、指導のねらいや内容に照らして児童生徒の学習状況や実態を把握するとともに、その結果を踏まえて、学校としての取組や教員自らの指導について改善を行うPDCAサイクルが重要であり、このことは道徳教育についても同様である。しかしながら、これまで、道徳教育に関しては、指導要録に固有の記録欄が設定されていないこともあり、必ずしも十分な評価活動が行われておらず、このことが、道徳教育を軽視する一因となったとの指摘もなされている。」(中央教育審議会答申、2014、p.16)としたうえで、道徳における評価のあり方そのものを見直し、改善する方向性を示している。その内容が、次のような視点である。

評価にあたっての基本的な考え方

① 道徳性は、極めて多様な児童生徒の人格全体に関わるものであることから、個人内の成長の過程を重視すべきであって、「特別の教科 道徳」(仮称)について、指導要録等に示す評価として、数値などによる評価は導入すべきではない。

② 道徳性の評価に当たっては、指導のねらいや内容に照らし、児童

生徒の学習状況を把握するために、児童生徒の作文やノート、質問紙、発言や行動の観察、面接など、様々な方法で資料等を収集することになる。
③例えば、指導のねらいに即した観点による評価、学習活動における表現や態度などの観察による評価(「パフォーマンス評価」など)、学習の過程や成果などの記録の積み上げによる評価(「ポートフォリオ評価」など)のほか、児童生徒の自己評価など多種多様な方法の中から適切な方法を用いて評価を行い、課題を明確にして指導の充実を図ることが望まれる。
④児童生徒の道徳性は、一人一人、様々に変容し成長していくものであることから、長期的な視点に立って継続的にその成長を把握していくことも重要である。
⑤評価を効果的に実施するためには、教員の研修をはじめ、学校全体としての組織的な取組の推進や、評価方法等に関する情報の充実が必要であり、国や地方公共団体においても、評価に関する参考資料の作成や研修の充実などの支援に努めるべきである。

中央教育審議会答申、2014、p.16。①～⑤の番号は便宜上、筆者が付けた。

　ここに示された視点をまとめると、次のようなことになるであろうか。子どもたちの道徳性の評価にあたっては、生徒の個人内の成長を重んじる。よって、その評価も長期的な視点をもって、子どもたちの成長と変容の把握に努めた内容にすることが望ましい。その手法としては、学習のねらいに対する観点別評価、学習活動の観察評価、学習記録の積み上げ評価、子どもたち自身の自己評価などを用いることが考えられる。

　このように「特別の教科 道徳」における評価観を考察すると、本書が提案する問題解決ワークショップを用いた「特別の教科 道徳」における授業実践や内省深化アクティビティ (activity)、道徳性セルフアセスメント・アンケート (self-assessment questionnaire) と自己評価シートがこの評価観に適した一つのツールであると考えられる。問題解決ワークショップ

や内省深化アクティビティを「特別の教科 道徳」の活動に取り入れることによって、子どもたちの思考・判断の形跡を成果物からたどることができる。つまり、パフォーマンス評価やポートフォリオ評価の実現が期待できるのである。また、「道徳性セルフアセスメント・アンケート」と「自己評価シート」の導入によって、子どもたちの道徳的実践意欲や態度の変容度合いを、子どもたち自らが自己評価によって測ることもできる。これらの提案は、今回の中央教育審議会の答申が示した形成的評価に代表される評価観と合致していると筆者は考えるのである。

　一方で、「特別の教科 道徳」が、従来のような道徳的心情理解を促す授業のあり方だけでなく、道徳的な価値に対する多面的・多角的・総合的な見方や考え方を促す授業のあり方を導入するようになったとき、柳沼良太が言うような「①『結果を重視する見方から動機をも重視する見方へ』、②『主観的な見方から客観性を重視した見方へ』、③『一面的な見方から多面的な見方へ』変化した場合、道徳性が発達したとみなして評価基準を設定する」（押谷由夫・柳沼良太、2014、p.65）といった道徳の評価も可能になるのではないだろうか。

　また、こうした評価の観点が「特別の教科 道徳」の取り扱いに明確化されたならば、授業者側にもその授業づくりに際して「子どもたちにこうした価値への気づきを促したい」とか、「将来、こういった問題解決が実践できるようになってほしい」という願いがわいてきて、授業の中で取り扱う課題や教材、活動に工夫を凝らす視点が加わっていくようになるのではないだろうか。

　次章にて紹介する問題解決ワークショップを用いた「特別の教科 道徳」における授業実践の具体的事例は、以上に述べてきた視点も踏まえたうえで筆者が考案したものである。読者の皆さんにも、問題解決ワークショップを用いた「特別の教科 道徳」の授業づくりにぜひ関心を持っていただき、共によりよい課題や教材、活動をつくりだしていきたいと考える。

脚注

*1　柳沼によると、「道徳性を育成するためには、道徳に関する知識・技能を習得して、自ら考え主体的に判断するという認知的側面、道徳的心情や道徳的実践意欲・態度をもつという情意的側面、そして道徳的行動をして道徳的習慣を形成するという行動的側面をバランスよく指導する必要がある」とされる（柳沼良太「4『特別の教科 道徳』をどう計画するか」、押谷由夫・柳沼良太編著『道徳の時代をつくる！-道徳教科化への始動-』教育出版、2014（平成26）年、pp.27-28）。

*2　クロス・カリキュラム（cross curriculum）とは、「特定のテーマについて複数の教科・科目の内容を相互に関連づけて学習するカリキュラムである。このカリキュラムによって、各教科の専門性と特徴を生かし、特定テーマに対する関連性を明確にして学習効果を上げることができる。1988年、イギリスにおいて、教育改革法（Education Reform Act）の制定によって公教育におけるクロス・カリキュラムの位置づけが行われた」。（略）「クロス・カリキュラムを中核教科と基礎教科に組み合わせることによって、各教科内へ特定のテーマ学習を織り込むことが可能となる」（「ヨーロッパの環境教育」、2008（平成20）年、http://dbee.miyakyo-u.ac.jp/2007_sato_lab/jirei1_2.php?s3 = 201）。
これと類似したものに、「相関カリキュラム」（「教科」の型を残しつつ類似の内容を相互に連関させて教える手法）、「融合カリキュラム」（「教科」の枠を広げて広い視野で括る手法）、「統合カリキュラム」（複数の教科にまたがって行う手法）、「広域カリキュラム」（もっと広い視点から括る手法）、「コア・カリキュラム（core curriculum）」（特定の教科や経験をコアにして他教科を配置する手法。ヨハン・フリードリヒ・ヘルバルト（Johann Friedrich Herbart）派は、「歴史科」をコアに据えた）などがある（安彦忠彦「教育課程とその類型」、安彦忠彦・児島邦宏・藤井千春・田中博之編著『よくわかる教育学原論』ミネルヴァ書房、2012（平成24）年、p.81より筆者が整理）。

*3　中央教育審議会の委員を務めた安彦忠彦は、その著書『公立学校はどう変わるのか』の中で、「学校の教育機能を『陶冶＝学力形成』と『訓育＝人格形成』の二つに分けることが昔から行われてきました。道徳教育は、まずは『人格形成』にかかわるもので、子どもの全体的な人間性・人格性をはぐくむ点で、もっとも重要なものです。従来、教育界・教育学界では、陶冶と訓育は車の両輪だと喩えられてきましたが、それは不正確な喩えで、『人格形成が全体、学力形成は部分』、つまり『人格形成における学力形成＝人格形成のための学力形成』なのです。『人格形成』が究極の目的であり、だからこそ、教育基本法の第一条の教育の目的規定では、旧新を通じて『人格の完成』がうたわれているわけです」（安彦忠彦『公立学校はどう変わるのか』教育出版、2011（平成23）年、p.80）としたうえで、子どもの「人格形成」について道徳教育が深い関わりをもち、「学力形成」はその「人格形成」を行う際の一つの手段であるという考えを示している。その意味で、「豊かな心」を育む役割を担う道徳教育は、「確かな学力」を支える土台的要素になっていると考えることができる。

*4　教育社会学でいわれる学校の四つの機能の一つで、子どもたちを接続先（進路先）に選抜・配分するべく、そこで必要な諸能力を身につけさせる機能をもっているという考え方。この他に、学校の「社会維持的機能（社会の文化や価値を次世代に組織的・計画的・系統的に伝える機能）」「社会革新的機能（社会の現状をよりよく変えていく力を身につけさせる機能）」「生産・投資的機能（地位や収入を保障するといった経済的効果をもたらす機

能）」がある（児島邦宏「教育と学校・教師」、安彦忠彦・児島邦宏・藤井千春・田中博之編著『よくわかる教育学原論』ミネルヴァ書房、2012年、p.10を筆者が整理）。
* 5 　高校あるいは大学入試の基準として成績を用いるために、一定の評定平均に収まる範囲で絶対評価する考え方のことを、筆者は「相対主義的絶対評価」と呼んでいる。

本文編　参考文献・引用文献（本文出現順）

- ◆1 　中央教育審議会『道徳に係る教育課程の改善等について（答申）』、2014（平成26）年
- ◆2 　押谷由夫「1『特別の教科 道徳』の在り方」、押谷由夫・柳沼良太編著『道徳の時代をつくる！-道徳教科化への始動-』教育出版、2014（平成26）年、pp.2-9
- ◆3 　西野真由美「5実践力をはぐくむ道徳授業をつくる」、押谷由夫・柳沼良太編著『道徳の時代をつくる！-道徳教科化への始動-』教育出版、2014（平成26）年、pp.32-39
- ◆4 　柳沼良太「3『特別の教科 道徳』をどう位置づけするか」、押谷由夫・柳沼良太編著『道徳の時代をつくる！-道徳教科化への始動-』教育出版、2014（平成26）年、pp.18-23
- ◆5 　柳沼良太「1道徳の目標を設計する」、押谷由夫・柳沼良太編著『道徳の時代をつくる！-道徳教科化への始動-』教育出版、2014（平成26）年、pp.44-49
- ◆6 　白木みどり「発達段階を考慮した授業の開発が重要」、『道徳教育（2014年3月号No.669）』明治図書、2014（平成26）年、pp.18-19
- ◆7 　柳沼良太「2指導内容を設計する」、押谷由夫・柳沼良太編著『道徳の時代をつくる！-道徳教科化への始動-』教育出版、2014（平成26）年、pp.50-55
- ◆8 　柳沼良太「4『特別の教科 道徳』をどう計画するか」、押谷由夫・柳沼良太編著『道徳の時代をつくる！-道徳教科化への始動-』教育出版、2014（平成26）年、pp.24-31
- ◆9 　柳沼良太「4評価を設計する」、押谷由夫・柳沼良太編著『道徳の時代をつくる！-道徳教科化への始動-』教育出版、2014（平成26）年、pp.62-69

脚注編　参考文献・引用文献（本文出現順）

- ◆10 　柳沼良太「4『特別の教科 道徳』をどう計画するか」、押谷由夫・柳沼良太編著『道徳の時代をつくる！-道徳教科化への始動-』教育出版、2014（平成26）年、pp.24-31
- ◆11 　「ヨーロッパの環境教育」、2008（平成20）年、http://dbee.miyakyo-u.ac.jp/2007_sato_lab/jirei1_2.php?s3 = 201
- ◆12 　安彦忠彦「教育課程とその類型」、安彦忠彦・児島邦宏・藤井千春・田中博之編著『よくわかる教育学原論』ミネルヴァ書房、2012（平成24）年、pp.80-81
- ◆13 　安彦忠彦『公立学校はどう変わるのか』教育出版、2011（平成23）年
- ◆14 　児島邦宏「教育と学校・教師」、安彦忠彦・児島邦宏・藤井千春・田中博之編著『よくわかる教育学原論』ミネルヴァ書房、2012（平成24）年、pp.10-11

問題解決ワークショップを用いた 「特別の教科 道徳」の 具体的な授業実践

これから紹介する授業実践は、「特別の教科 道徳」(小学校で2018 (平成30) 年、中学校で2019 (平成31) 年から実施される。学校の判断によって2015 (平成27) 年から実施が可能)における補充・深化・統合を組み入れた「小単元構成モデル (model)」に基づいて、1単元につき4時間で構成された、問題解決ワークショップを用いた「特別の教科 道徳」における授業実践の取り組みである。また、本授業実践は、教科において学習した道徳教育を、「特別の教科 道徳」の中で補充・深化・統合するためにいくつかの課題 (テーマ) を設定し、「特別の教科 道徳」が学校の教育活動全体を通じて行われる道徳教育の要としてしっかりと機能できるように、教科と道徳の連携を行っている。授業進行上の課題 (時間的制限など) があって日ごろの教科学習における道徳教育だけでは十分に深めきれないような、道徳的価値を内包する社会的・科学的事象について、問題解決ワークショップを用いながら道徳的思考を深化させるのがねらいである。このような授業実践では、問題解決的な学習を「特別の教科 道徳」に導入することによって、道徳性の三側面 (認知的側面、情意的側面、行動的側面) のメタ (meta) 認知化が図られることを期待している。[*1]

　本章では、問題解決ワークショップを「特別の教科 道徳」に取り入れる意義や具体的実践の骨格や内容などについてまとめていくこととする。読者の皆さんには、数多くの質的データ (コメント) や子どもたちの活動内容 (写真) などから、活動全体のイメージをしていただき、本授業実践を参考にして、新しいスタイルの授業をより多く生み出していただくことを、筆者は期待している。

1. 問題解決ワークショップを「特別の教科 道徳」に取り入れることの意義

　この小単元構成モデルに基づく授業を「特別の教科 道徳」で実践することによって期待される教育的効果は、次のようなものであると考える。

① 教科で扱った内容を「特別の教科 道徳」の授業の中で補充・深化・統合して道徳的価値を深めることができれば、学習した内容が生きた学びとなり、社会科がめざす「公民的資質」と道徳がめざす「豊かな心」が双方からエンパワーメント[*2]（empowerment）される形で「確かな学力」の形成を図ることができると考えられる。

② 従来の「道徳の時間」では、道徳的価値項目を一つに絞って1時間の授業内で補充・深化・統合してきた。これを「特別の教科 道徳」では、1単元3～5時間の中で補充・深化・統合を図るように構成し、一つの「核心的価値（コア・バリュー）」（core value）（押谷由夫・柳沼良太『道徳の時代をつくる!』教育出版、2014（平成26）年、p.51）の中に複数の「派生的価値」項目を組み込んだ本授業実践のような小単元構成モデル（model）に基づく授業設計をすることによって、教科で学習した内容を道徳性の三つの側面（認知的側面・情意的側面・行動的側面）からじっくり熟考し、より深く時間をかけて道徳的価値に対する認識を深めることができると考えられる [図▶1]（p.54）。

③ 本授業実践は、筆者作成の小単元構成モデルに基づき、補充で1時間、深化で2時間、統合で1時間の合計4時間の構成となっている。小単元構成モデル冒頭の補充部と深化部の合計3時間を通して、日ごろの教科学習において行われる道徳教育では十分に深めきれないような道徳的価値を含んだ社会的・科学的事象について、さまざまな問題解決ワークショップを用いながら道徳的思考の深化を図る。教科学習の中において習得した道徳的価値が社会に普遍的に尊い価値として定着した歴史的・社会的経緯や背景について、子どもたちが多面的・多角的な視

核心的価値（コア・バリュー）
正義、生命尊重、社会改善

派生的価値

1. 主として自分自身に関すること
   (4) 真理、真実、理想の実現、人生開拓

2. 主として他の人との関わりに関すること
   (5) 個性や立場の尊重、多面的・多角的な見方・考え方への理解、寛容の心、謙虚に学ぶ姿勢

3. 主として自然や崇高なものとのかかわりに関すること
   (1) 生命尊重、かけがえのない自他の生命の尊重

4. 主として集団や社会とのかかわりに関すること
   (2) 公徳心、社会連帯の自覚、よりよい社会の実現
   (3) 正義の尊重、公正・公平、差別や偏見のない社会の実現

[図▶1]「核心的価値（コア・バリュー）」を用いた本授業実践における道徳的価値項目のモデル
（筆者作成による）

[図▶1] は、本書で紹介している授業実践で取り扱う道徳的価値について、筆者が概念構想したモデル図。柳沼良太の「核心的価値（コア・バリュー）」理論（押谷由夫・柳沼良太、2014、p.51）を用いて、本実践における「核心的価値（コア・バリュー）」と「派生的価値」の関係を示している。ピラミッドの頂点に「核心的価値（コア・バリュー）」、裾野に「派生的価値」をそれぞれ配した。

点から総合的に考察する活動を通して、自らの力で学習するのである。小単元構成モデルの4時間目（最後の1時間）は、「実生活ブレイクダウン（breakdown）」ワークショップを行う。これは、自分の身の回りの生活で実際に起こりそうな問題（事例）に本実践のテーマを落とし込み、前の3時間（補充部・深化部ⅠとⅡ）の授業を通して学んだ知識や技術、知恵を活用して、その解決策を考え出すという統合の時間である。この一

教科学習（社会科「地理的分野」8時間構成）

項目（時）	学習内容	習得スキル	目標
1h/8h	アメリカ合衆国の人種・民族問題	知識習得型学習	基礎的・基本的な知識の習得

▼

「道徳の時間」における教科学習の
補充・深化・統合

「道徳の時間」（4時間構成）

補充部 1h/4h	視聴覚教材鑑賞 （「その時、歴史が動いた」）	「役割取得」 （討論→発表）	登場人物の心情理解 （立場ごとの背景理解）
深化部Ⅰ 1h/4h	暴力的・非暴力的解決法の長短分析	ビッグ・ブレスト （討論→発表）	解決方法の多角的・相対的分析力の育成
深化部Ⅱ 1h/4h	ガンディの知恵探し	ビッグ・カルタ （討論→発表）	異なる資料と関連させて、事象の多面的理解を促進
統合部 1h/4h	実生活ブレイクダウン	グループ討論 （討論→発表）	実生活で起こりうそうな課題の解決策を考案

[図▶2] **教科学習を「特別の教科 道徳」で補充・深化・統合する小単元構成モデル**（筆者作成による）

[図▶2] は、柳沼良太が示した「核心的価値（コア・バリュー）」理論（押谷由夫・柳沼良太、2014、p51）を用いて、複数回／1単元の授業構成で道徳的価値を補充・深化し、「実生活ブレイクダウン」ワークショップで子どもたちの内面に統合するプログラムをモデル化したもの。

連の小単元構成モデルに基づく問題解決ワークショップを用いた「特別の教科 道徳」における授業実践によって、子どもたちの実生活と直接的な関係がない場所で起こっている教科学習的な知識（社会科あるいは自然科学的事象）が、「特別の教科 道徳」における本授業実践を介してかれらの身近な生活に引き寄せられ、ここでの学びが実感を伴った理解に転化するという効果を期待をすることができるようになる。また、

こうした実感を伴う深い認識が形成された子どもたちは、多面的・多角的な視点から総合的に判断するような高次の問題解決策を、実生活においても講じることが可能になると考えられる。小単元構成モデルによって教科学習における道徳教育を「特別の教科 道徳」で補充・深化・統合するという本手法が成功すれば、学習で扱う道徳的価値の本質的な意味を、子どもたちは認知的・情意的・行動的な側面から理解できるようになる。そして、将来にわたって正しい判断をしようという道徳的実践力が芽生え、道徳的実践意欲や態度が形成されることを見込むことができると考えられる [図▶2] (p.55)。

このように問題解決ワークショップを用いた「特別の教科 道徳」における授業実践は、より深い思考や判断を子どもたちに促し、上記にあげた多大な効果を得ることが期待できる。

次節では、本書が提案する問題解決ワークショップを用いた「特別の教科 道徳」における授業実践について、実際に筆者が行った授業とそこで得たデータをもとにして具体的に紹介していきたい。

2. 問題解決ワークショップを用いた「特別の教科 道徳」の具体的実践の骨格

この小単元構成モデルに基づく一連の授業実践を実際に実施したのは、筆者が所属する勤務校の相模女子大学中学部・高等部である。本授業実践は、中学校社会科（地理的分野）の中の「北アメリカ州」の単元学習で、アメリカ合衆国の人種・民族問題を既に学習し終えた中学1年生を対象に行った。

詳細については後述するが、この小単元構成モデルについて簡単に説明

すると、次のような目標をもつ内容になっている。

- 1時間目の補充部では、教科学習で既習のアメリカ公民権運動に関する視聴覚教材を課題にして、登場人物の道徳的心情理解を促すための「役割取得」ワークショップを導入している。この授業実践は、子どもたちに道徳的心情理解を促すと同時に、問題解決策を講じる際に必要な相手の立場に配慮したり、社会情勢を考慮したりする能力の育成をめざす。
- 2時間目の深化部Ⅰでは、「暴力的解決方法」と「非暴力的解決方法」のメリット・デメリットを考えるための「ビッグ・ブレスト」ワークショップを導入している。これは、当該授業が取り上げている非暴力という道徳的価値について、それがなぜ尊いとされているのかを子どもたちが価値の長短分析を通して考えるという道徳的思考力・判断力の深化をめざす。
- 3時間目の深化部Ⅱでは、前2時間の学習をインド独立の祖・ガンディに関連させて、「非暴力による問題解決」という道徳的価値を多面的・多角的な視点から総合的に捉える力を子どもたちに育成することをめざす。ここでは、民衆が「非暴力による問題解決」という行動を維持・継続するために、ガンディが実践したさまざまな知恵や努力について、クラス全体で探究するための「ビッグ・カルタ」ワークショップを導入している。これは、当該の道徳的価値についての弱点にも目を向けさせ、それを補完するために先人たちがどのような知恵や行動を実践してきたのかについて考えさせるという道徳的認知の深化をめざす。
- 本小単元構成モデル最終回にあたる4時間目の統合部では、補充部と深化部ⅠとⅡの授業中に行った道徳的価値に対する深い分析・考察活動によって、子どもたちが本質的に理解した「非暴力による問題解決」に関する知識や技能を活用させて、自分たちの身の回りの実生活で起こりそうな具体的事例について、よりよく解決する方法を検討させる「実生活ブレイクダウン」ワークショップを設定している。これは、本小単元構成モデルに基づく学習活動の成果を子どもたちの内面に、よ

り深く統合することをめざす。

　これらの一連の小単元構成モデルに基づく問題解決ワークショップを用いた「特別の教科 道徳」の授業実践を通して、教科（本授業実践においては社会科）において学習した道徳教育を二重にも三重にも深化させる。同時に実践的な場面における問題解決を図る「実生活ブレイクダウン」ワークショップ活動を行うことによって、一連の学習内容を子どもたちの内面に統合・内在化させようというのが、本授業実践の大きなねらいである。以上の考えを、簡単にまとめると次のようになる。

「特別の教科 道徳」における補充・深化・統合を組み入れた
小単元構成モデル（骨子）

①教科の内容を道徳的に補充する時間として1時間
②補充の時間で扱った内容を道徳的に深化する時間として2時間
③道徳的価値の統合を図るために実生活に即した事例検討で問題解決
　学習（「実生活ブレイクダウン」）をする統合の時間として1時間

　ところで、この小単元構成モデルに基づく授業実践は、4時間1セットの問題解決ワークショップを用いた「特別の教科 道徳」の提案であり、従来にはあまり例のない新しいスタイルの道徳教育の実践案である。第2章の3（p.36〜）でも示した通り、この手法にはクリアすべき課題がある。その課題とは、現行の学習指導要領　道徳編で示された道徳的価値の内容項目（小学校低学年で16項目、中学年で18項目、高学年で22項目、中学校で24項目。巻末資料（p.200〜）参照）について、すべてを相当する学年において取り上げなければならないという規定をどのようにクリアするかの課題である。
　そこで、筆者作成の小単元構成モデルに基づく授業実践では、柳沼良太が提唱する「核心的価値（コア・バリュー）」理論（押谷由夫・柳沼良太、2014、p.51）を、授業づくりの核に据えている。複数の道徳的価値項目を「核心的価値（コア・バリュー）」の中に内包される「派生的価値」に位置づける

ことによって、この課題をクリアしたいと考えたのである。つまり、本時の学習課題の「核心的価値（コア・バリュー）」を、「非暴力による問題解決によってよりよい問題解決策を考える」という高次の道徳的価値の育成とし、その主題に即した「派生的価値」の内容項目を本単元全体の学習課題に配置するのである。

　本単元の中で想定される「派生的価値」の内容項目を学習指導要領から抽出して例示してみると、以下のような項目になる。中でも下記に示した内容項目のうち、今回の主題においては、学習指導要領に示された内容項目の1-(4)、2-(5)、3-(1)、4-(2)(3)が特に強化されるべき「派生的価値」に近いと考えられる（下記の（例）の太字部）。これらの「派生的価値」を、「よりよい問題解決の手法を考える」や「非暴力による問題解決」、「正義・生命尊重・社会改善」といった「核心的価値（コア・バリュー）」の下位項目に筆者は位置づけたのである [図▶1]（p.54）。

例

1. 主として自分自身に関すること
　　(2) 目標、希望、勇気、やり抜く意志
　　(3) 自律の精神、自主的思考、誠実な実行、結果に対する責任
　　(4) 真理、真実、理想の実現、人生開拓
2. 主として他の人とのかかわりに関すること
　　(2) 温かい人間愛の精神、思いやりの心
　　(3) 友情、信頼できる仲間、励まし合い、高め合い
　　(5) 個性や立場の尊重、多面的・多角的な見方・考え方への理解、寛容の心、謙虚に学ぶ姿勢
　　(6) 善意や支えに対する感謝
3. 主として自然や崇高なものとのかかわりに関すること
　　(1) 生命尊重、かけがえのない自他の生命の尊重
　　(2) 弱さや醜さの克服、人間として生きることの喜びの発見
4. 主として集団や社会とのかかわりに関すること
　　(1) 法の遵守、自他の権利の尊重、義務の遂行
　　(2) 公徳心、社会連帯の自覚、よりよい社会の実現

(3) 正義の尊重、公正・公平、差別や偏見のない社会の実現

※太字は、今回の授業実践において、特に重点をおく「派生的価値」であると筆者は考えた。
また、各項目は、学習指導要領に示された道徳的価値の内容項目（詳しくは巻末資料 (p.200～) 参照）の中から「派生的価値」と考えられるものを筆者が整理したものである。

3. 本授業実践に盛り込まれた問題解決ワークショップの具体的実践の内容

　ここからは、筆者が本書で紹介する問題解決ワークショップを用いた「特別の教科 道徳」における授業実践の具体例について、詳しく述べていきたい。ここに示した実践事例は、①が「役割取得」ワークショップ、②が「ビッグ・ブレスト」ワークショップ、③が「ビッグ・カルタ」ワークショップ、④が「実生活ブレイクダウン」ワークショップである。
　これらの実践事例は、あくまでも一つのアイディアである。読者の皆さんが、これらの事例を参考にオリジナルのイメージを膨らませ、さらにハイレベルな道徳の授業づくりを行っていただければ光栄である。

① 補充部：「役割取得」ワークショップを用いた登場人物の心情理解
──視聴覚教材「ローザ・パークス事件」を通した心情理解

　本小単元構成モデルの1時間目（補充部）に扱う教材は、教科学習において既に学習したアメリカ公民権運動の一節である。ここで使用している視聴覚教材は、「ローザ・パークス事件」と黒人社会による「バス・ボイコット運動（＝後のフリーダム・ライダーズ運動）」を取り上げた再現ドラマのワンシーン（「I Have a Dream〜キング牧師のアメリカ市民革命〜」/『その時歴史が動いた（第342回）』NHK（放送）、2008（平成20）年）である（補足：子どもたちは、中学校社会科（地理的分野）「北アメリカ州」の単元学習において、アメリカ合衆国の人種・民族問題を既に学習している。本実践の研究授業にあたり、現任校の社会科担当教諭が、

アメリカの奴隷貿易期・南北戦争期・公民権運動期の人種・民族問題に関する歴史的な流れや背景について基礎知識の習得学習を終えており、本小単元構成モデルとの連携を意識した社会科の授業を実施済みである。ただ、社会科の授業では、アメリカ合衆国を扱う単元（8時間）のうち人種・民族問題にかけられる時間はおよそ1時間であり、断片的な知識習得に留まっていると考えられる。従って、ここから4時間かけて行われる問題解決ワークショップを用いた道徳科の本小単元構成モデルによって、社会科で学習した内容を道徳的に補充・深化・統合をしていこうというのがねらいである）。

　この視聴覚教材を鑑賞した後、子どもたちは、それぞれの登場人物がとった行動の背後にある感情やかれらがおかれた立場、差別の社会的実態・歴史的背景をグループの中で分析・考察する「役割取得」ワークショップを行う。このワークショップでは、子どもたちが実生活の場面において問題解決を図る際に必要となる「他者の行動の背景を読む力」を養うことを目的としている。こうした力は、意見を異にする他者の立場を理解したうえで対立を調整しよりよく問題解決する力を養うために、ぜひとも身につけておきたい資質の一つである。

　さて、ここでこの事件のストーリーを、概観しておこう。

「ローザ・パークス事件」と黒人社会による「バス・ボイコット運動」

[あらすじ]
人種隔離法[*3]の下で、黒人差別が法的に認められていたアラバマ州モンゴメリーで、ローザ・パークス（Rosa Parks）という40代の黒人女性は、白人客が乗車後も白人優先席に座り続け、その罪によって逮捕される。これを受けてマーティン・ルーサー・キング・ジュニア（Martin Luther King, Jr）牧師は、ローザ・パークスの釈放を求めた運動を展開する。このときに、キング牧師の呼びかけにより黒人たちが用いた非暴力による問題解決方法は、黒人社会による6か月にも及ぶ「バス・ボイコット運動」だったのである。

この教材を取り扱うことの理由は、学校の教育活動（教科、総合的な学習の時間、特別活動等）の中では深く考察する時間が十分に確保できない人権問題に関する道徳的価値が、「特別の教科 道徳」と連携を図ることによって補充されるようになると考えたことにある。

　本時の「役割取得」ワークショップの課題は、この再現ドラマを見て、子どもたちが登場人物の心情理解を行う作業から始まる。具体的には、次のページにあげた登場人物が、①どのような根拠に基づいて、②どのような感情を抱き、③結果としてどのような行動に出たかという視点で、それぞれの登場人物が置かれた立場について想像させるような問題（「役割取得」ワークショップ）を子どもたちに与えるのである。この「役割取得」ワークショップで使うワークシートは、［図▶3］（p.63）のようなものである。登場人物の人物相関図（プリント）上に登場人物の気持ちを書き込むことができるような吹き出しを入れ、その中に前述の①～③の視点で、登場人物が感じたであろう感情、あるいはその根拠などを記述するのである。この「役割取得」ワークショップをグループの中で検討する活動を通して、子どもたちの道徳的心情理解の力を深め、道徳性の情意的側面を中心に認知的側面や行動的側面の醸成を図るのがねらいである。

　このワークショップ課題を与えるにあたり筆者が工夫したことは、［資料▶1］（p.64）に示すような書き方の「型」を子どもたちに与えたということである。そして、その「型」には、登場人物の「気持ち」やかれらの行動の背景にある「根拠」を、子どもたちが論理的に表現できるように、次のような三つの視点を盛り込んだ。

---

①その人がその気持ちになった根拠・理由を想像し、表現する。
②最終的にその人が感じた気持ちを想像し、表現する
③その気持ちによって、その人がどんな行動をしようと思ったかを想像し、表現する

　この「役割取得」ワークショップ活動のねらいは、4時間目に行う「実

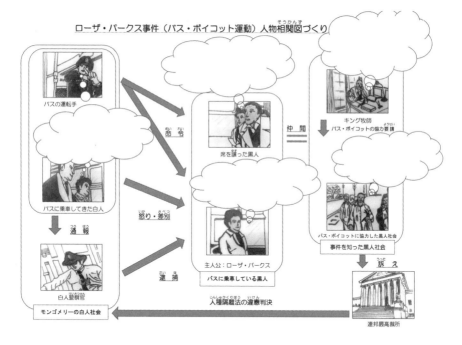

[図▶3] ローザ・パークス事件（バス・ボイコット運動）人物相関図づくり（ワークシート）

[図▶3]は、登場人物の気持ちを役割取得するワークシート。それぞれの登場人物が、その行動に至るまでの感情や根拠（背景）を考察し、子どもたちが相手の立場にたった思考・判断ができるようになることをめざす。

登場人物とその行動

① 主人公のローザ・パークス …… 白人優先席に座り続け、逮捕された

② 白人に席を譲った黒人 ………… バス乗車ルールに従って、白人に席を譲った

③ バスに乗車する白人たち ……… バスの乗車ルールに基づき、席を譲るよう命令した
　（バスの運転手、乗車してきた白人たち）

④ キング牧師 ……………………… ローザ逮捕の知らせを受け、黒人社会にバス・ボイコットを呼びかけた

⑤ 黒人社会 ………………………… キング牧師の呼びかけに応え、6か月間のバス・ボイコットに参加した

[資料▶1] ワークシートの書き方のポイントを示した「型」

この「型」を参考に、子どもたちはオリジナルの表現方法を使って、[図▶3] (p.63) ワークシートを完成させていく。

生活ブレイクダウン」も含め、世の中で起こるさまざまな問題解決場面においては、当事者の心情を正確に理解することが第一に必要であるということを子どもたちに示し、問題解決の基本的なリテラシー（literacy）を身につけさせることにある。具体的な感情や行動を発生させる背後には、必ずその「根拠」となる事柄や感情、社会的背景が存在するということを子どもたち自らが気づくことによって、複雑な思惑が絡み合い、意見が対立するような難易度の高い課題においても、相手の立場を推し量りながらよりよい問題解決策（知恵）を講じることができるようになるのではないだろうかと考える。

　ここで使用した人物相関図ワーク [図▶3] (p.63) は、先行研究にもなっているモラルジレンマ*4（moral dilemma）に近い教育効果も期待できる。本課題において、登場人物の中に「席を譲った黒人」という立場を入れたのは、ローザ・パークスと同じ黒人の立場の人々の中に、当時の「法律（※

やがて違憲となる)」にしたがって当然のように席を譲った人たちが圧倒的多数の割合で存在していたということを子どもたちに気づかせたかったことがある。このように、ローザ・パークスと同じ黒人の立場にも二つの立場が存在していたことを子どもたちが理解することによって、彼女がおかれた当時の立場や葛藤をより鮮明にし、道徳性の認知的側面形成を伴ったより深い心情理解的な考察を促そうとしたのである。公民権運動を展開した黒人社会にも、当初はアメリカ社会に抵抗することへのジレンマ (dilemma) が発生していたはずである。しかし、ローザを助け、黒人の権利回復をするために、かれらはその葛藤＝ジレンマを仲間とともに乗りこえたのである。そうした視点に子どもたちが気づくことによって、難易度の高い問題を解決する際には葛藤＝ジレンマが伴うということや、それを乗りこえることを経て社会改善がなされていくということも理解していくと考えるのである。

　一方、この手法を通して当時の社会的マジョリティの立場にあった「白人の立場」にたつと、人種隔離法という法令を根拠に、かれらは席を譲ることを正当化していたことが理解できるようになる。ここで、「法は守るべきもの」と信じている子どもたちの中に、「法も絶対的正義ではない可能性があるのか」という疑問が生じることが予想される。こうした疑問は、次のようなとても大切な気づきの中から得られる。「法の遵守」の意識と「真理追求」の意識との狭間に立たされたとき、子どもたちはかれらの内面にモラルジレンマを発生させることであろう。このときに、たとえ法であってもすべてが万能ではなく、より高次の正義が存在した場合には、その法をも積極的に改善していく必要があるといった思考が高まっていくと考えられる。その結果、子どもたちは、より高い視点にたった道徳的認知を獲得していくことができると考える。これはローレンス・コールバーグ[*5] (Lawrence Kohlberg) が示した道徳性の三つの発達段階の脱慣習的段階に位置づけられた「個人的理念に基づく道徳性」への気づきに相当すると考えられる (詳細は、第3章-3-④ [**表▶6**] (p.91) を参照)。

　ところで、前述した「型」の活用に関しては、筆者が師事する田中博之

が提唱しているフィンランド・メソッドや「言葉の力」を育てる教育メソッド（田中博之『言葉の力を育てる活用学習』ミネルヴァ書房、2011（平成23）年）などを参考にしている。このテーマについての解説は、本章の「4.学習の統合を図る内省深化アクティビティ（activity）」（p.96～）の項で詳しく述べることとする。

　さて、話は変わるが、本時で扱う教材の主人公をローザ・パークスという一般女性にして、公民権運動の指導者であるキング牧師が脇役になるように教材設定したのには理由があるので、その点について触れておく。
　偉人学習を教材にした道徳教育においては、「それが偉人だから成し得たのであって、自分にはできない」と感じて距離感を感じる子どもが多く存在するという指摘が、雑誌『道徳教育』（明治図書）などの実践報告の中でも示されている。例えば、大阪府守口市立八雲小学校校長（当時）の藤田善正は「子どもたちは、野口英世はえらい人だから、えらいことをするに決まっていると、最初からおそれ入っている」（藤田善正『道徳教育１月号』明治図書、2010（平成22）年、p.6）と指摘し、埼玉県加須市立加須平成中学校（当時）の藤間隆子は「生徒は『ああ、すごい人なのね。』『自分とは全く違う人なのだ。』と自分とかけ離れた人物としてとらえることが多い」（藤間隆子『道徳教育１月号』明治図書、2010年、p.14）と述べていて、こうした実践家の記事からも、一定数の子どもたちが授業を開始する前から偉人学習に対する距離感を抱いている様子が窺える。
　この問題点を解決するために、前述の両名の先生方は、その人物に人間的共感がわく部分を探して子どもたちに教材を示したり、その人物の迷いや葛藤を想起させながら教材に迫ったりするような展開方法を示している。筆者もこの意見については同感である。従って、本授業実践においても、両先生方が示すような共感的理解を促進することができるように、「役割取得」ワークショップという活動を取り入れたのである。
　また、これとは別に、筆者は独自の視点にたちながら、本授業実践にローザ・パークスを教材化しているので、その点も紹介したい。その視点とは、子どもたちが親近感のわく人物を取り上げるということである。ロー

ザ・パークスは、キング牧師に比べると決して知名度の高い人物とはいえない。しかし、仕事帰りの一般黒人女性が、自らの人権を主張して差別的扱いに対する抵抗を示したこの事件を取り上げることは、子どもたちの偉人に対する距離感を縮め、公民権運動についての親近感をも高める効果があると考えるのである。なぜならば、子どもたちの中に、「私もローザ・パークスと同じ、ごく普通の一般人だ」という考えに至る子どもも出てくるのではないかと見込めるからである。

その甲斐あって多くの子どもたちは、本授業実践を通して、公民権運動の成功要因にはローザ・パークスも含めたすべての一般黒人の協力や団結があったという視点に気づくことができるようになった。かくして、公民権運動の偉業は、キング牧師のような歴史的英雄だけの力で成し得たものではないということを子どもたちは理解し、身の回りに存在する人権擁護活動も草の根からスタートしているのだという気づきも形成されていったのではないかと実感している。

ただ、よくよく考えてみれば、キング牧師にしても、野口英世にしても、プロ野球のイチローにしても、最初は普通の少年だったはずであるから、子どもたちが「偉人」＝「自分とは遠く離れた存在」という視点をもつことに対して過剰に反応すること自体の改善もしていく必要があると筆者は考えている。「かれも人なり、われも人なり」の精神で、偉人学習を通して子どもたちの自己啓発を図っていきたいものである。

いずれにしても、柳沼良太が「戦後は偉人や先人の伝記を積極的に取り上げず、架空の登場人物の気持ちを考える授業が多くなった。しかし、実際の偉人や先人の言葉や行動にこそ人生の指針となるようなものが多いため、基礎的な認知的側面を育成することになるだろう」（押谷由夫・柳沼良太、2014、p.58）と述べているように、偉人学習は道徳教育に有用な教材の一つであると考えることができるので、「特別の教科 道徳」に今後も大いに取り入れていくべきであると考える。そして、偉人学習は社会科（歴史的分野）との関連性も強いため、今後、「特別の教科 道徳」と教科学習を積極的に連携させていく視点においても、極めて有効的な教材であるといえることをここでおさえておきたい。ただ、その際は、偉人の行いを一般論

的あるいは一面的な価値づけて教え込むのはあまり有効な手立てではないと考える。藤田が葛藤を通した感動（藤田善正、2010、p.9）によって道徳的価値を学ぶことの重要性を主張しているように、まずは偉人の迷いや葛藤を理解し、次にそれらを乗りこえたかれらが社会に与えた影響などを理解することが大切である。つまり、当該人物の生き方全般を、子どもたちと共に深めていくことが重要なのであると筆者も考える。したがって、本授業実践の2時間目以降の深化部や統合部の授業に、多面的・多角的な視点から総合的に子どもたちが道徳的価値の本質に迫ることができるような問題解決ワークショップを組み込むようにしたのである。

❖「役割取得」ワークショップにおける子どもたちの反応

　では、本節の最後に、この「役割取得」ワークショップの活動で、子どもたちがまとめた代表的な記述を紹介していきたい[**表▶4**] (p.69)。

　[**表▶4**]のようなコメントを見ると、子どもたちは、個々の登場人物の気持ちや立場に則した心情理解（役割取得）をしようとしていることが理解できる。また、子どもたちは、自分たちのグループがまとめた意見を他者に発表する際に、ミニホワイトボードにまとめたコメントだけでは十分に説明しきれないもどかしさを感じていた。このような中、子どもたちは自分なりに必要な言葉を補って上手に解説しようと努力している様子も観察することができた。つまり、子どもたちは、よりよいプレゼンテーション（presentation）をめざそうと試行錯誤しながら、発表の中で認識の深化を図っていっていたのである。

　なお、この課題を取り扱っているときの子どもたちは、「こうじゃないのか？」「いや、こっちの方がよりよい表現じゃないか？」というような仲間同士の双方向のコミュニケーションを図りながら、白熱した議論を展開していた。このグループ活動は大いに盛り上がり、多くの子どもたちがとても豊かな表情で「役割取得」ワークショップに取り組むことができた。

[表▶4]「役割取得」ワークショップ時に、子どもたちから出た代表的なコメント例

登場人物	子どもたちが役割取得した文章（代表例）
ローザ・パークス	●【理　由】なぜ、席を譲らないといけないの？ 　【気持ち】内心怖いけど、それはおかしいと思って 　【行　動】この席を絶対にどかないと意思を通した ●【理　由】法律がおかしい！　間違っている？と感じている。 　【気持ち】人間は平等なんだ！私たちは間違っていないはず！ 　【行　動】席を譲らない！
白人社会 (運転手・乗車してきた白人)	●【理　由】黒人は白人に席を譲ることが常識！ 　【気持ち】白人の言うことを何で聞かない。逮捕されてまでも、どきたくないのか！ 　【行　動】どかないなら逮捕だ！ ●【理　由】法律で決まっていて、白人には席に座る権利があるから 　【気持ち】私たちには座る権利があるのに、なぜ黒人は(席を)譲らないんだ！　この法律を正しいと思っている。 　【行　動】(警察に)通報した。
席を譲った黒人	●【理　由】法律に逆らって逮捕されるのは嫌だ 　【気持ち】内心は不満を感じている 　【行　動】仕方なく(席を)譲った ●【理　由】譲らなければ逮捕される 　【気持ち】本当は席を譲りたくないけれど 　【行　動】席を譲らなければ(という行動に出た)
キング牧師	●【理　由】黒人だからって差別されるのはおかしい 　【気持ち】バス・ボイコットの協力を黒人たちに要請しよう 　【行　動】バス・ボイコットを実行 ●【理　由】バスはみんなが乗れるものなのに 　【気持ち】なぜ差別されなければならないのか 　【行　動】バスに乗らないようにみんなに協力してもらおう
バス・ボイコットに協力した黒人社会	●【理　由】すべての人が平等じゃないの？　人種差別は良くない！ここをこえてからの未来がある 　【気持ち】差別をなくす。すべての人が平等になるんだ！ 　【行　動】バスに乗らずに歩こう ●【理　由】白人たちに、私たち(黒人)がいないと、バスが運営できなくなってしまうことを伝えたかった 　【気持ち】白人たちに勝ったような気持ち 　【行　動】バスに乗らないで自分の足で歩く

「役割取得」ワークショップを用いた授業の流れ

　[写真▶1]は、本時の目標を示し、授業内容を漫画で確認している様子。学習のめあてが不鮮明にならないように工夫している。

　視聴覚教材を見る前に拡大した漫画を使ってあらすじを説明することによって、視聴覚教材の内容を理解するうえで、必要な道しるべを示す（「漫画資料活用法」。ユニバーサル・デザイン（universal design）[*6]の視点を導入した。第4章（p.117～）参照）。

[写真▶1] 漫画で授業内容を確認しているシーン

　[写真▶2]は、NHK『その時歴史が動いた』「I Have a Dream ～キング牧師のアメリカ市民革命～」を、子どもたちが視聴している場面である。あらかじめ授業の進め方も説明しているので、作業の速い子どもはDVDを見ながら、配布したワークシート[図▶3]（p.63）に個々の登場人物の心情に関するコメントを書き込んでいる。

[写真▶2] 視聴覚教材を視聴しているシーン

　[写真▶3]は、DVDの登場人物が、①どのような根拠に基づいて、②どのような感情を抱き、③結果としてどのような行動に出たかを、それぞれの人物の立場にたって想像し、班で出た意見の要約をミニホワイトボードに記載したもの。子どもたちは、これを用意して発表に備える。

　このとき、子どもたちは、ワークシート[図▶3]（p.63）や書き方のポイントを示した「型」[資料▶1]（p.64）を参考にしている。

[写真▶3] 子どもたちがまとめた登場人物の心情

［写真▶4］は、子どもたちが、それぞれの登場人物ごとに感じ取った心情を、班の中で役割分担して発表し合う様子。この活動は、全体発表のプレ発表の位置づけであるが、グループワークで出てきた意見の確認や情報共有の作業でもある（この活動を入れることによって学習に遅れがちな子どもにも対応できる。つまり、ユニバーサル・デザインの視点を導入しているのである）。

［写真▶4］班の仲間に意見を発表するシーン

［写真▶5］は、学級全体に対する発表活動の様子。班ごとのプレ発表が終わっているので、全体に対する発表は立候補した2班分のみ。子どもたちは、書き方の「型」を用いて、自分たちなりのオリジナル表現によって個性豊かにまとめたコメントを、身振り手振りを交えながら表情をつけてイキイキと発表している。このとき、子どもたちは、他者に説明することの難しさを実感し、不足している情報を補いながらよりよく発表している。

［写真▶5］学級全体に班の意見を発表するシーン

「話す力」と、「聞く力」は連動している。聞くことは、頭で相手が発した「言葉」の意味を反芻し、さらに自分の経験知識と結びつけて、自分なりに解釈することが必要になる。発表者は聞く側の立場に立って話すことで、より高いプレゼンテーション能力を身につけていくと考えられる。また言語活動を通して、人とコミュニケーションをとることの楽しさも実感していくことであろう。

この活動の中には、必ず相手の発表のよさを評価し合うことが重要である。例えば、次のような観点で評価し合うのが有効である。

①発表の仕方についての評価
②まとめ方についての評価
③グループワークのよさについての評価

② 深化部Ⅰ：「ビッグ・ブレスト」ワークショップを用いた
道徳的価値の長短分析──「対極する二つの問題解決方法を比較・分析する」

　本小単元構成モデルの2時間目（深化部Ⅰ）では、問題解決の際の二つの対極的な方法である「暴力的解決方法」と「非暴力的解決方法」のメリットとデメリットを、「ビッグ・ブレスト」ワークショップを用いて分析することによって、なぜ「非暴力的解決方法」の方がより望ましい問題解決方法として尊ばれるのかをクラス全体で考察する。ここでいう「ビッグ・ブレスト」ワークショップとは、本来、グループワークといった小集団の中で個々の知恵を出し合う目的で行われるブレーン・ストーミング[*7]（brainstorming）を、クラスワークに拡大したものである。つまり、グループの中で出し合った統一の知恵を、クラス全体に対して出し合うような拡大ブレーン・ストーミングをイメージしてほしい。小集団で行われるブレーン・ストーミングで用いられる付箋にあたるものが、ここではミニホワイトボードである。

　この授業実践は、小単元構成モデルの深化部にあたり、当該の道徳的価値がなぜ尊いとされるのかについて、子どもたち自身がその根拠を「ビッグ・ブレスト」ワークショップを用いて分析し、道徳的思考力・判断力をさらに深化させることによって、道徳的価値の本質的理解を促す役割を担うパーツ（深化部Ⅰ）である。このように、子どもたちに深い道徳的思考力・判断力を促す授業を、筆者は本書で「道徳的認知深化法」と名づけている。

　ここで扱う「暴力・非暴力それぞれの解決方法のメリット・デメリット」の分析は、モデリングサイコロジー[*8]（modeling psychology）と呼ばれる分野の中の「観察学習における反応統合の理論」を参考にしたものである。このモデリングサイコロジーを提唱したアルバート・バンデュラ（Albert Bandura）は、著書『モデリングの心理学』の中で、次のように述べている。「観察学習だけでは間違いのない遂行が十分できない場合も多い。（略）モデルの行動パターンをごく短時間観察する場合や、部分部分をばらばらに観察した時には、見たことの断片的スケッチしか獲得できないことが多い。行動を導く内的表象が不十分であれば、行動の再生は不完全

になる。そのような時には、実際にやってみることによって、観察中に見落としたことや部分的にしか学習していない面を気づくことができる。そして同じ行動をもう一度観察する機会があれば、正確に行動するために必要な見落とし部分に特に注意を集中する」(アルバート・バンデュラ『モデリングの心理学』金子書房、1975（昭和50）年、pp.44-45)。

　この理論を具体的に本授業実践に当てはめてみると、次のようになる。本時の授業実践は、1時間目（補充部）に行った「役割取得」ワークショップによる観察学習の中で、子どもたちにとって道徳的認知の形成が不充分であった部分を、学習者である子どもたち自身の実体験（今回の場合は、「ビッグ・ブレスト」ワークショップによって二つの解決方法の長短の比較分析をする体験）によって、さらに深い見方や考え方ができるように補完するものである。活動（道徳的認知深化法）を通して、学習者の内面に内的表象の拡大を図り、最終的には観察内容をより多面的・多角的な視点から総合的に自己の内面に統合（強化）することをめざしたということになるのである。

　それでは、この授業の内容の説明に入っていこう。はじめに、本時の授業実践は、1時間目（補充部）において扱った「バス・ボイコット運動（後のフリーダム・ライダーズ運動）」という黒人による非暴力運動が着実な効果をあげ、各地で人種隔離法の撤廃が進んでいく中、保守的な考え方をもつ他の地域では、白人の黒人に対する迫害が一段とエスカレートしたことについて授業の導入部で触れることからスタートする。

　このとき、筆者は子どもたちに、内省深化アクティビティ2「もしあなたがキングたちのように不当な暴力を受けたら、非暴力を貫けると思いますか？　素直な気持ちで構いません。理由を添えて答えましょう。」という課題を与えた。

　この質問を子どもたちに問いかけることの意味は、過去の歴史的事象を子どもたち自身の身に置き換え、子どもたちが当事者意識をもってこの課題に取り組むように仕向けると同時に、自らの内面にモラルジレンマを発生させることによって、自分自身の心の中にある弱さ・醜さ、あるいは葛藤する気持ちと向き合わせることをめざすということである。筆者は、子

どもたちに内省を促すこうした表現活動を、「内省深化アクティビティ」と位置づけて、この実践の至る所で子どもたちに個人作業形式の課題として行わせている。子どもたちに自分自身の弱さと向き合うような内省活動を促すということは、学習指導要領が示す道徳的価値の内容項目(3-(3)「人間には弱さや醜さを克服する強さや気高さがあることを信じて、人間として生きることに喜びを見いだすように努める。」(巻末資料(p.200～)参照))にも通じており、「特別の教科　道徳」には積極的に取り入れたい指導法である。このような内省深化アクティビティを授業の冒頭に設定することによって、子どもたちに公民権運動を本質的に学習することに対する当事者意識をもたせたうえで、本時のメインテーマである「ビッグ・ブレスト」ワークショップへと導くのである。

　ここからが、本時のメインテーマである。この問題解決ワークショップは、「暴力的な解決方法」と「非暴力的な解決方法」のメリットとデメリットを子どもたちに考えさせることによって、どちらの方法がより多くの幸福をもたらす方法か、あるいはどちらの方法がより多くの不幸を発生させない方法かを分析させる。この分析活動を通して、どちらの方法がより尊い問題解決方法なのかを子どもたちに議論させるのである。

　最初の10分間は、グループワークを通してこのテーマを子どもたちに考察させる。子どもたちは、各グループに与えられた四つのミニホワイトボードに「暴力的解決方法のメリット」「暴力的解決方法のデメリット」「非暴力的解決方法のメリット」「非暴力的解決方法のデメリット」をそれぞれまとめる。10分後、各グループが黒板にそのミニホワイトボードを貼り出すと、クラスの意見が出揃って、「ビッグ・ブレスト」が完成する[写真▶8](p.78)。

　このとき、グループの代表が、黒板に自分たちのグループがまとめたミニホワイトボードを単純に貼りつけるだけでなく、グループが考えた意見をクラス全体に発表する機会を用意する。このような発表の場を用意する理由は、言語を用いた表現活動を子どもたちに積極的に組むことによって、子どもたちの道徳的認知を発表の中においても深めるというねらいがある。また同時に、発表を通して子どもたちのプレゼンテーション(presentation)

能力やコミュニケーション（communication）能力を磨くこともめざしている。相手を頷かせるような説得力のある表現をするためには、子どもたち自身が本時の取り組みを深く理解していることが前提とされる。したがって、子どもたちが課題をしっかり熟考したり、情報を熟知したりすることを促すためにも、こうした言語活動による情報伝達の場を設けることが大切なのである。

　さて、この「ビッグ・ブレスト」が完成した段階で、筆者は子どもたちに、「どちらの方法がより多くの幸福をもたらす方法か」、あるいは「どちらの方法がより多くの不幸を発生させない方法か」といった本時最後の質問を投げかけている。この問いかけによって、「実際の場面においては、非暴力の実践は難しい」（第3章-4 ②の内省深化アクティビティ2（p.102～）参照）と考えていた子どもたちの心の中に、どのような変化が起こるのであろうか。

　この授業のまとめに、「なぜ、キングたち黒人は危険があるのに、暴力を使わない方法で解決することを選んだのだと、あなたは思いますか。理由を添えて答えましょう」という内省深化アクティビティ3を設けた。この課題は、「ビッグ・ブレスト」ワークショップで各グループから提示されたさまざまな考え方を手掛かりに、次のことを考えさせようというねらいがある。それは、「相手から辛い仕打ちを受け続けることになる可能性の高い非暴力による問題解決活動が着実に人々に広まり、白人の良識派を巻き込んで黒人の公民権を回復するという成果につながったのはなぜか」ということを深く思考することである。

　「ビッグ・ブレスト」ワークショップによって、公民権運動成功の背景を本質的に理解した子どもたちは、「非暴力を貫くことは大変だけど、その効果は大きい」ということを学習しているので、何があっても「暴力的な解決方法」を用いない方法による問題解決のあり方を模索しようとするようになる。しかし、実際には、「非暴力的な解決方法」を用いる場合にも補完すべき弱点（デメリット）がいくつか存在するわけで、それらの弱点（デメリット）を補うためには、どのような行動（知恵や努力）が必要になってくるかについても考えさせなければならない。したがって、こうした内省

深化の活動は、3時間目以降の授業(深化部Ⅱと統合部)に子どもたちの道徳的思考をつなげていく意味においても有益な取りくみといえると考えるのである。

本小単元構成モデルの3時間目(深化部Ⅱ)の授業では、2時間目のテーマをさらに深化させた思考活動を行う。ここでは、「非暴力」という道徳的価値を貫くときのデメリットを補完するために必要な行動(知恵や努力)について、「ビッグ・カルタ」ワークショップを用いて探求する。その中で子どもたちは、「非暴力を黙って受け入れるだけで問題は解決できるのだろうか?」「そこには、非暴力を貫く行動と同時に、問題を解決するための行動(知恵や努力)を他に実践していたのではないか?」という視点について、深く考察することになる。この詳細は、次節で述べたい。

❖ **「ビッグ・ブレスト」ワークショップにおける子どもたちの反応**

では、ここで、子どもたちから出された意見について、その代表例を以下にまとめていくこととする[表▶5](p.77)。

この中で注目したいのは、子どもたちが考えた暴力的な解決方法のデメリットに「憎しみや争いの連鎖」の視点があげられているという点と、非暴力的な解決方法のメリットに「傷つく人の数ではなく、傷つける人の数が少なくなる」という視点や、「解決後に、しくみが長く続く」といった視点などがあげられている点である。これらは、子どもたちが客観的かつ俯瞰的な立場から、課題をより深く考察していることを窺い知ることができるコメントの一例であると筆者は考えている[写真▶9][写真▶10](p.79)。

さらに、非暴力のデメリットについて考察したコメントをみていくと、「非暴力を続けている間、暴力が続く」という視点があったことは驚きであった。この視点は、次の3時間目(深化部Ⅱ)に取り扱うテーマである「非暴力の抵抗を続ける間、何もせずに暴力を受け続けたのだろうか?」「そこに知恵や工夫はなかったのか?」という主題を、子どもたちが先取った意見である点で注目に値する。現実の場面においては、「ビッグ・ブレスト」ワークショップの中で子どもたちが出したような「非暴力的な解決方法」の弱点を、さまざまな知恵や努力によって補いながら問題解決をする

[表▶5] 子どもたちが考えた「対極する二つの問題解決方法のメリット・デメリット」

項目		子どもたちが示した考え
暴力的な解決方法	メリット(長所)	・解決のスピードが速い ・差別をしている側のストレスが発散 ・相手に力の差を思い知らすことができる 　→相手からの反撃を止めることができる ・はっきりと決められる ・暴力によって従わせることができる
	デメリット(短所)	・命に関わる、女性も子どもも犠牲、周りを巻き込む ・肉体的・精神的な負傷を負う ・意見を尊重されない人たちがいる ・双方が傷つく ・仕返しの繰り返し→終わらない対立→戦争へ ・罪悪感が残る可能性
非暴力的な解決方法	メリット(長所)	・傷つける人の数が少ない ・相手の意見が聞ける ・平和的解決が可能である ・問題が大きくならない ・解決した後のしくみが壊れにくい
	デメリット(短所)	・すぐに決着がつかない ・話がまとまらない ・解決するまで相手に馬鹿にされる、暴力を受け続ける ・行動するまでやられっぱなしになる ・相手に伝わらない場合がある

のであるが、今回のテーマにおいてはどのような行動（知恵や努力）があったのかを他事象と関連させて探求するのが3時間目の深化部Ⅱの課題である。

　3時間目のワークショップ課題を先取った高次の意見が子どもたちから出た背景には、「ビッグ・ブレスト」ワークショップに入る前に行った内省深化アクティビティ2で、「もし自分が黒人の立場で暴力を受けたら、非暴力を貫けるか」という課題（後の節で考察）を取り組ませたことがあったと推察する。つまり、この課題を通過させたことによって、子どもたちはこの課題に対する当事者意識をもつことができ、かれらがアメリカの公民権運動を自分の事として捉えたうえで、本課題に臨んだことが作用したものと考える。

「ビッグ・ブレスト」ワークショップを用いた授業の流れ

　[写真▶6]は、内省深化アクティビティ2「もしあなたがキングたちのように不当な暴力を受けたら、非暴力を貫けると思いますか？素直な気持ちで構いません。理由を添えて答えましょう」に取り組んでいる子どもの様子である。子どもたちの内省深化アクティビティに対する反応の詳細は、第3章-4（p.96～）の中で取り上げている。

[写真▶6] 内省深化アクティビティ2に取り組む子ども

　[写真▶7]は、ミニホワイトボードに、「対極する二つの問題解決方法のメリット・デメリット」を書き記していく子どもたちの様子である。子どもたちから出た意見の中には、暴力的解決方法のデメリットとして「憎しみの連鎖」の視点、非暴力のデメリットとして「問題が解決するまで暴力を受け続けなければならない」という視点などが記されている。

[写真▶7] 二つの問題解決方法の長短を書き出している様子

　[写真▶8]は、各グループの考察が記されたミニホワイトボードが黒板に貼り出され、それぞれの意見が「ビッグ・ブレスト」としてクラスに完成した様子である。授業の最後に、各グループから出された意見を授業者である筆者が簡単にまとめた。この写真は、子どもたちのアイディアが集結した「ビッグ・ブレスト」の全体像になる。

[写真▶8] 完成した「ビッグ・ブレスト」の全体像

[写真▶9]は、子どもたちが思考した「暴力的解決方法」と「非暴力的解決方法」のメリットである。「暴力的解決方法」のメリットには、「早い」・「徹底できる」・「はっきりさせられる」・「自分たちの仲間を守ることができる」などがあげられている。一方、「非暴力的解決方法」メリットには、「人を傷つけない」・「お互いが納得できる」・「しくみが壊れにくい」・「話し合いが可能である」などがあげられている。

[写真▶9] 子どもたちが考えた「対極する二つの問題解決方法のメリット」

　[写真▶10]は、子どもたちが思考した「暴力的解決方法」と「非暴力的解決方法」のデメリットである。「暴力的解決方法」のデメリットには、「犠牲者が多い」・「果てしなく続く」・「対立のエスカレート」・「本当の解決にならない」・「傷つけ合う」・「少数派が負ける」などがあげられている。「非暴力の解決方法」のデメリットには、「仲間が傷つけられる」・「時間がかかる」・「更なる悪化の可能性」などがあげられている。

[写真▶10] 子どもたちが考えた「対極する二つの問題解決方法のデメリット」

[写真▶8] (p.78) は、この授業のまとめの風景である。この授業の最後に、筆者は子どもたちの思考を揺さぶる次のような質問を再びかれらに投げかけた。「こうして両者を比較すると、より多くの人が幸福である方法、またはより多くの人が傷つかずに済む方法はどちらだと思いますか」「結果的に、解決にかかる時間が短い方法はどちらの方法と思いますか」という発問である。これに対し子どもたちの圧倒的多数は非暴力であると答え、この方法の普遍的な良さに気づくことができたのである。同時に、非暴力的解決方法にも補完すべきデメリットがあり、その弱点を補うためには何らかの知恵や工夫が必要であるという視点にも、子どもたちは到達することができたのである。こうした視点を3時間目のワークショップに先んじて獲得した子どもたちは、深化部Ⅱの「非暴力と同時に行った問題解決の知恵さがし」の授業に挑むことになる。

③ 深化部Ⅱ：「ビッグ・カルタ」ワークショップを用いた道徳的認知の深化
―― 「ガンディの知恵探し」

　本小単元構成モデルの3時間目（深化部Ⅱ）は、「非暴力による問題解決方法」のデメリット、すなわち「非暴力を貫くと、問題が解決するまでの間、暴力を受け続ける」というデメリットを補完するために、先人はどんな工夫をしたのかを探求し、考えさせる「ビッグ・カルタ」ワークショップを用いた問題解決ワークショップの授業実践である。

　2時間目（深化部Ⅰ）に行った「暴力的解決方法」と「非暴力的解決方法」のメリット・デメリットを比較分析する「ビッグ・ブレスト」ワークショップを通し、子どもたちはよりよい問題解決方法が「非暴力による問題解決方法」であるということを理解したのであるが、内省深化アクティビティ2（第3章-4②参照（p.102））において多くの子どもたちが答えているように、現実的には「非暴力による問題解決」を実行することは難しいという問題が存在している。この深化部Ⅱの授業では、そのような葛藤が子どもたちの心の中に存在することを前提に、「かれらは、黙って暴力を受け入れるだけで問題を解決できたのだろうか」「他に非暴力による問題解決の弱点

（デメリット）を補完する知恵や努力はなかったのだろうか」という問いかけを導入部において行うことからスタートする。本時は、「その弱点を補完する行動（知恵や努力）」を、先人から学ぶ深化部Ⅱにあたる。

　本時で扱う教材は、インドの独立運動を指導したモーハンダース・カラムチャンド・ガンディ（Mohandas Karamchand Gandhi）である。アメリカ公民権運動から話題を転化させ、キング牧師が公民権運動の手本とした「ガンディの知恵探し」に課題を発展させることによって、子どもたちはインドの独立運動という他の社会的事象と関連づけて「非暴力」という道徳的価値を多面的・多角的な視点から総合的に捉えるようになる。そうすることで、「非暴力」という道徳的価値が公民権運動以外の場面においても存在していたことを子どもたちは知り、この価値に対する興味・関心、あるいは多面的・多角的な見方・考え方が形成されるようになることが期待されるのである。

　ガンディがインド独立運動で非暴力を仲間に呼びかけたとき、かれは、宗主国のイギリス人や暴徒化するインド国民が暴力の応酬をくり返していたことを嘆いていた。ガンディは、こうした暴力の連鎖に対し、「非暴力・不服従の精神」で立ち向かうことを訴えながら、同時にいくつかの行動（知恵や努力）を展開している。そこで、今回の「ビッグ・カルタ」ワークショップでは、ガンディのそうした知恵を資料（漫画）から探し出し、「ビッグ・カルタ」[*9]にしてクラス全体でブラッシュアップする形式の「ビッグ・カルタ」ワークショップを用意した［**写真▶11**］(p.83)。資料は全部で3種類を用意する。一つのグループは、そのうち1種類の資料を専門的に解析する。グループは全部で6グループあるので、1種類の資料を二つのグループが同時に検討することになる。それぞれの資料に記された「ガンディの知恵」は以下の通りである。

［資料の内容・ガンディの知恵］		［道徳的価値］
①国産品（国産綿製品）愛用、 　糸くり車のエピソード	→	インドの自立・自律

②ヒマラヤの惨劇による　　　→　　自制（セルフコントロール）
　ガンディの活動停止、断食

③宗教間対立の調整、　　　　→　　他者尊重、多様性の受容
　他者理解・受容を人々に説得

　本授業実践において扱う「ビッグ・カルタ」ワークショップのねらいは、次の三つである。一つ目は、複数の資料からガンディが非暴力の弱点（デメリット）を補うために行った「知恵」を読み取り、それがどのような意味をもつのかを考察すること（読解力）。二つ目は、読み取った情報を第三者に上手に伝えることができるくらい理解を深めること（表現力）。三つ目は、アメリカ公民権運動からインド独立の話題に変え、非暴力という道徳的価値を他の社会的事象と関連づける中で多面的・多角的な視点から総合的に事象を捉えること（多面的比較分析力）。本授業実践は、以上の3点を意図した道徳的認知深化法に基づく具体的実践の一場面である。

　子どもたちは、はじめの15分間、それぞれのグループに配布された資料（漫画）から、「ガンディの知恵」を探究する活動を行う（注：資料は、中学1年生という発達段階を考慮して漫画を用いたが、上級学年では文献を資料にするのもよい）。ガンディの知恵が発見できたら、ミニホワイトボードにそれらを記入する。15分後、各グループの代表は、そのミニホワイトボードを黒板に貼り出す［**写真▶11**］（p.83）。このとき、自分たちのグループに与えられた資料に描かれていた具体的なエピソードを添えて、自分たちが発見した「ガンディの知恵」をクラス全体に説明する。また、授業者である筆者は子どもたちに対して、「（自分たちのグループと、もう一つの他のグループを除いて、）他の四つのグループは同じ資料を目にしていませんから、内容を知らない相手にも中身が十分に伝わるように詳しく説明してください。」とあらかじめアナウンスし、発表が単調で無機質な説明に終わらないように注意喚起している。このアナウンスによって、子どもたちの間には、「情報を知らない仲間にも、しっかり伝えなければならない」という責任感が生まれ、探究・発表活動に対する集中力と深みが増すのである。

[写真▶11]「ビッグ・カルタ」ワークショップ（「ガンディの知恵探し」）の全体像

　さて、この探究活動におけるグループごとの記録（ミニホワイトボード）が黒板上に出揃い、「ビッグ・カルタ」が示されると、ガンディが「非暴力・不服従」による抵抗を実践している間に、他方でかれがインド独立の夢を実現するために考え出したさまざまな知恵の全体像がクラス全体に可視化される［写真▶11］。このとき、子どもたちの中には、「本質的な問題解決を図るためには、ただ黙って暴力に耐え続けるということだけでは不十分である」という視点が芽生え、問題解決を図る際には仲間と協働してあらゆる知恵を出し合うことが大切であるということを、肌で実感することができるようになる。そして、「正義を勝ち取る行動は、正義の力でもってなされなければならない」（「I Have a Dream 〜キング牧師のアメリカ市民革命〜」、『その時歴史が動いた（第342回）』NHK（放送）、2008年より）という、公民権運動でキング牧師が主張した演説の内容と本事例が関連づいて、非暴力という道徳的価値についてのより深く力強い気づきが形成されるのである。

　本時においても2時間目（深化部Ⅰ）と同様に、授業終盤のまとめ課題として、「これまでの授業を受け、あなたの非暴力による解決方法に対する思いを自由に記述してください」という内省深化アクティビティ4を与え

た。この課題は、最終回の「実生活ブレイクダウン」につなげる前段階の課題として、これまでに学習した視点の整理を子どもたちに促す目的で設けた内省の時間である（本章（第3章）-4（p.96）参照）。

❖ **「ビッグ・カルタ」ワークショップにおける子どもたちの反応**

　この授業実践は、キング牧師が公民権運動の手本としたガンディが仲間に非暴力を促しながら同時に行った行動（知恵や努力）について、各グループがそれぞれに分担された資料から発見［写真▶12］（p.85）し、全体に発表する探求活動である。この活動を通じてクラス全体に情報が共有される［写真▶13］（p.85）と、「ガンディの知恵」の全体像が「ビッグ・カルタ」として黒板上に浮かび上がってくるという展開の学習内容である。

　この「ビッグ・カルタ」ワークショップを実践する中でわかったことは、子どもたちは資料から情報を抜き出すことについては比較的簡単にできるものの、他のグループ（自分たちに与えられた資料以外の情報を知らない）に対して、その情景がしっかりとイメージできるように情報伝達することについては、かなり難易度が上がるということである。共通の情報をもたない聴き手が、情景を想像しながら発表者の説明に耳を傾けるためには、発表者は話にいっそうの具体性をもたせなければならないし、抑揚をつけたり、間をとったりするなどの表現方法の工夫も求められる。要は、相手に情報を上手く伝えるためには、発表者自身が内容を熟知していなければないのである。こうした発表上の困難さやもどかしさも、子どもたちは本体験を通じて理解できたのではないだろうか。筆者は、本授業実践に導入したこの種の発表活動について、子どもたちが活動の中でしっかりと説明できるのかどうか、正直なところ不安であった。しかし、案外しっかり発表できていて、心配には及ばなかったということをここで触れておきたい。また、授業の終盤で教員によるまとめ直しを今回も行っているが、それを最小限に留めることができたことも追記しておく。これは、子どもたちの発表がしっかりとしていたことを意味している。授業者側としても子どもたちの意見の中にあるニュアンスを最大限に尊重することができたという意味においてよかったと総括している。

「ビッグ・カルタ」ワークショップを用いた授業の流れ

　[写真▶12]は、「非暴力」のデメリットを補完する「ガンディの知恵」を探究する「ビッグ・カルタ」ワークショップの様子である。ワークショップで使用する資料は3種類。1種類の資料を一つの班が読み解く。六つのグループで検討したので、クラスで同じ資料にあたっている班は、自班と他にあと1班のみ。他の4班は別の資料にあたっている。資料から情報を正確に読み取るのと同時に、情報を知らない他のグループの仲間にもしっかりと内容を伝えるために、資料の読み込みを行っている。

[写真▶12]「ガンディの知恵探し」に取り組んでいる子どもたち

　[写真▶13]は、自分たちのグループがまとめた情報を、代表者がクラス全体に伝えている様子である。発表という言語活動においては、起承転結などの論理性や5W1Hを意識した文章構成が必要である。また、抑揚をつけて表情豊かに説明しないと相手には上手く伝わらない。こういった視点をこの活動を通じて子どもたちが学べたと感じる。写真の生徒は、穏やかながら笑いもとりつつ、クラスを温かい雰囲気にしてくれた。これも、グループワークの醍醐味の一つである。

[写真▶13]班の調査結果を学級全体に発表している様子

④ 統合部:「実生活ブレイクダウン」ワークショップを用いた道徳性の行動的側面形成

　本小単元構成モデルの最終回（統合部）は、生徒の身の回りの実生活に起こりそうな事例を「実生活ブレイクダウン」ワークショップの検討課題［資料▶2］(p.87) として設定し、それをよりよく解決するにはどのような方策が考えられるのかについて、グループによるワークショップを通じてクラス全体で考える時間である。

　この授業のねらいは、これまでに行われた補充部ならびに深化部Ⅰ・Ⅱの合計3回の授業で学習した内容（今回の授業の場合は、「よりよい問題解決を図るための知恵を考える」）を自分の身の回りの実生活上の問題に関連づけてブレイクダウンさせた際に、子どもたちが本授業実践で学習した道徳性の認知的側面・情意的側面を上手く活用して、道徳性の行動的側面にまで道徳性を昇華させ、よりよい問題解決を図れるように内面的な統合を図ることである。

　また、「実生活ブレイクダウン」ワークショップは、学習した道徳的価値を生徒の現実の生活に引き寄せる効果を見込むことができるような学習活動として筆者が独自に開発したものである。これは、文部科学省の道徳教育の充実に関する懇談会が「今後の道徳教育の改善・充実方策について（報告）」の中で、「現代の子供たちにとって現実味のある授業となっておらず、学年が上がるにつれて、道徳の時間に関する児童生徒の受け止めが良くない状況がある」（道徳教育の充実に関する懇談会『今後の道徳教育の改善・充実方策について（報告）』、2013（平成25）年、p.10）と指摘したような従来の「道徳の時間」の課題をクリアできる学習方法であると考える。子どもたちは、答えがわかりきった内容や、教師が一元的に導くような展開の道徳ではなく、自分たちの身に切実に迫るような道徳の学習を求めているのである。この視点からも理解できるように、「実生活ブレイクダウン」ワークショップという手法は、これからの「特別の教科 道徳」の授業設計において積極的に用いていきたい指導方法の一つであると考える。

学習内容の実生活ブレイクダウン

新入生の立場で解決策を考えよう！

―身近に起こりそうな具体的な事例で検討してみよう―

（本事例はフットサル部内の先輩・後輩の対立です。）

【課題】次のような事例が自分の回りで起きたら、どのような解決が望ましいでしょうか。
今回学んだキング牧師やガンディが考えたような色々な解決方法（アイディア）を、君たちも考えてみましょう。
そして、君たちが考えた解決方法（アイディア）の中で、特に良いと思う解決方法（アイディア）を選びましょう。

【事例】
1. この中学校のフットサル部は全国大会に出場するほどの**強豪チーム**です。　（注）フットサルは、室内サッカーのこと
2. この部活に、小学校時代に地域の**優秀**選手に選ばれるほどの技術を持った**新入生が5人入部**してきました。
3. フットサルは5人しかスターティングメンバーに入れません。　（注）試合開始前から出場する選手のこと
4. このチームは**強豪**校であるため、例年から学年に関係なく優秀な人をスターティングメンバーに使う方針になっています。
5. **優秀**な新入生が5人入部したために、**上級生の枠がなくなって**しまいました。
6. そのため、**新入生5人に対する上級生による嫌がらせ**が始まってしまいました。
7. **ヒント！**　中3の部長と副部長（2人）の合計3人は、**交代メンバーに入っています**ので、嫌がらせはしていません。
しかし、その他の中3生は**一生懸命に練習していますが、中々、上達せず交代**メンバーに入れません。（注）交代は何度でも自由にできます。

（注）嫌がらせを受けているのは、このイラストでは1人ですが、新入生全員です。

[資料▶2] 生徒に与えた「実生活ブレイクダウン（breakdown）」の事例検討課題（筆者が考案）

事例は、「全国的な活躍をしているフットサルチームに、小学校時代に県の優秀選手として選ばれた経験を持つ新入生が多数入部したために、中学3年生の出場枠がなくなってしまったことによって新入生に対する先輩からの意地悪が始まった」、という設定である。顧問は試合においては、所属学年に関係なく優秀な選手を出場させるという方針を採っている。この場合に新入生の立場にたってどのような問題解決の知恵を出すことができるかを考えさせる課題である。このとき、条件として、交代メンバーに部長・副部長など一部の中学3年生が存在し、試合には出場できていて、意地悪に参加していないという中立の立場の上級生がいることを付加している。

　では早速、本時の授業実践の内容を紹介することとする。まず、「実生活ブレイクダウン」ワークショップにおいて子どもたちに与える課題（事例）を以下に要約する。この課題（事例）は、「全国的な活躍をしているフットサルチームに、小学校時代に県の優秀選手として選ばれた経験を持つ新入生が多数入部したために、中学3年生の出場枠がなくなってしまったことによって新入生に対する先輩からの意地悪が始まった」、という設定の内容である。本事例の条件としては、①この部活の顧問は、試合においては所属学年に関係なく優秀な選手を出場させるという方針を採っている、②交代メンバーの中に部長・副部長など一部の中学3年生が入っていて、

その意地悪には参加していない（中立の立場の先輩もいる）、ことを付加している。こうした条件がある中で、本件のような問題が自分たちの身の回りに発生した場合に、新入生の立場にたってどのような問題解決の知恵を導き出すことができるのかを子どもたちに考えさせるのがこのワークショップの骨子である。

　授業の流れとしては、まず「実生活ブレイクダウン」ワークショップの課題文[資料▶2] (p.87)を全体で読み合わせる。次に、本事例をよりよく解決するにはどんな知恵が考えられるかについて、グループの中で15分間討議する[写真▶15] (p.94)。このとき、本授業実践で学習した知識や技能を活用するように促し、このワークショップの目的を認識させる。討議の途中、前述の目的から外れた検討を子どもたちがしている場合は、前回までの学習を思い起こさせるためのヒントカード[資料▶3] (p.89)を各グループに提示する。このヒントカードを提示することによって、本時の導入で行った前回までのおさらい効果と相まって、このカードが前3時間の授業（補充部と深化部Ⅰ・Ⅱ）を本時に関連づけるブリッジとなる効果が見込める。この時、子どもたちは、「日常的に行う解決方法ではなく、前3回の授業の中で習得した知識・技能を活用して問題の解決にあたることを、授業者が求めている」ということを再認識する。これによって、子どもたちは、「役割取得」ワークショップによる登場人物の心情理解や「ビッグ・ブレスト」ワークショップによる対立する価値の長短分析、あるいは「ビッグ・カルタ」ワークショップによる価値の弱点を補完する知恵探しなど、今までの学習において習得したさまざまな知識・技能を活用して、問題の解決を図ろうという視点が強化されるのである[写真▶16] (p.94)。

　今回の事例の場合は、「新入生に意地悪をしている3年生も、試合に出たいのに出ることができないという困り感を抱えている」という本課題の登場人物が抱える悩みについて、その心情を理解する視点に子どもたちが気づくことが重要である。こうした気づきが子どもたちに芽生えたときに、「試合に出場できない3年生の意地悪」に対する根本的な発生原因を特定して、その問題を解決のするためにはどのような解決策が考えられるかといった深い考察へと進んでいくのである。

```
┌─────────────────────────────────────────────────────────────────┐
│   ヒントカード   ～キングやガンディはどんな知恵を出し、行動をしたかな？～     │
│                                                                 │
│ ○自分たちにできること → 自分たちを高める努力をしようとした                   │
│                   （例）キング ： バスに乗らず自分たちの足で歩き続けた      │
│                       ガンディ： インド産の綿製品を増産した             │
│                                                                 │
│ ○仲間に対して     → 団結を呼びかけた 、（暴力的な）仕返しはやめようと呼びかけた │
│ ○社会に対して     → 違った文化を持つ人々や対立する相手を認めるよう説得をした    │
│                                                                 │
│                              ▼                                  │
│   ┌─────────────────────────────────────────────────────────┐   │
│   │ だから、仲間が動いた！だから、新しい仲間ができた！だから、解決に向かった！ │   │
│   └─────────────────────────────────────────────────────────┘   │
│                                                                 │
│           │
│   暴力・仕返しはいけない    自分たちを高める   対立する人たちにも相互理解を求める   共に生きる    │
└─────────────────────────────────────────────────────────────────┘

[資料▶3] 子どもたちによる高次の思考や判断を促すための「ヒントカード」

実生活の課題になると既習の学習内容が飛んでしまいがちであるという問題を防ぐために、既習の学習内容を思い起こさせる「学習のブリッジ」的役割をもつ「ヒントカード」を提示する（※十分な議論ができている場合は、提示しなくてもよい）。

　ヒントカードの提示から10分後、各グループは考案した問題解決方法を模造紙にまとめ［写真▶17］（p94）、全体発表を通じてアイディアの全体化を図る。各グループで五つぐらいのアイディアを出すように指示しているので、クラス全体の意見は重複したアイディアも含めて合計で30ぐらい提案される。この活動を通すことによって、多くの仲間と協力して共に問題解決の知恵を考えると、かくも多くのアイディアが出せるということを、子どもたちは実感することができる。そして、この課題のような友だちとのトラブルが現実に発生したとき、一人で悩んでいるより複数人で問題解決に向けた知恵を出し合った方がよいということを子どもたちは知り、仲間との対話を重ねながら解決策を導き出すことの重要性を感じ取ることができる。これは、子どもたちが現実の生活に活用できるスキルを身につけることができたといえる成果ではないだろうか。
　また、子どもたちの思考をさらに深化させるため、クラス全体に提案さ
```

れたアイディアに優先順位づけをさせる。どのアイディアが実際の場面で実現の可能性が高いかとか、あるいは全員が気持ちよく参加できる方法はどのアイディアかなどを検討することによって、そのアイディアの作用や効果にも子どもたちの思考や判断が及ぶようになる。現実の問題解決の場面では、実際にこのような思考プロセスを子どもたちは経験するはずであり、こうした取り組みは道徳性の行動的側面を強化するうえでも極めて有用であると考える。

　さらに、ここでこのワークショップのねらいとしてあげたいことは、もう一つある。それは、筆者が独自にまとめた問題解決の３段階ステップをどれだけ追えるかといった課題である。問題解決の３段階ステップとは、「①他者に変容を求めて解決しようとする段階、②自分自身が変容して解決しようとする段階、③全体（この場合は、チーム）の利益を考慮して解決しようとする段階の３段階」を筆者は想定しているが、どれだけ③の価値に近づけることができるかが、「実生活ブレイクダウン」ワークショップの最大の目標である。

　この問題解決の３段階ステップは筆者の経験則から導き出したものだが、これとよく似たものにローレンス・コールバーグの「道徳性の三つの発達段階（①前慣習的段階：自分が満たされることを優先する段階、②慣習的段階：自分の義務を果たすことで道徳性を維持する段階、③脱慣習的段階：全体的・普遍的な利益をベースにより高い価値に近づけようとする段階）」があったのでその比較をした表を次に提示したい[表▶6]（p.91）。こうした視点も含めて、本授業実践を通して、子どもたちの道徳性を二重三重にも高めていきたいと考えるのである。

❖ 「実生活ブレイクダウン」ワークショップにおける子どもたちの反応

　この授業実践は、子どもたちの実生活を想定した問題解決場面において、前３回の補充部・深化部Ⅰ・Ⅱの授業で学習したような既習の知識・技能を活用して、子どもたちがその解決方法を思考・判断する活動を通して、よりよい解決方法を導き出す「実生活ブレイクダウン」ワークショップである。

[表▶6] 筆者がまとめた子どもの「問題解決の3段階ステップ」と
ローレンス・コールバーグ (Lawrence Kohlberg) が提唱する
「道徳性の三つの発達段階」の比較

子どもの問題解決の3段階ステップ (筆者の考えによる)		道徳性の三つの発達段階 (コールバーグの考えによる)
ステップ1	他者に変容を求めて解決しようとする段階	前慣習的段階 ：自分が満たされることを優先
ステップ2	自分自身が変容して解決しようとする段階	慣習的段階 ：自分の義務を果たすことで道徳性を維持
ステップ3	全体の利益を考慮して解決しようとする段階	脱慣習的段階 ：全体的・普遍的な利益をベースに、より高い価値に近づける

　この授業実践は、導入時に前回までのおさらいをしてから、15分程度の課題検討の時間を子どもたちに与え、当該課題をグループワークさせている。その後、若干のヒントを与え、再度10分間のグループワークを行い、各グループで出た意見を学級全体に提示することによってクラスとしての問題解決策を集約するものである。

　ここで興味深かったのは、最初の15分のグループワークを通して子どもたちから出てくる答えが、中学1年生の発達段階であることを反映してなのか、当初は他者に解決を求めるような問題解決方法（例えば、事例に登場する「意地悪をしている先輩にもっと練習させて、上手くなってもらう」とか、「顧問に相談する」とか、「方針が悪いから改めてもらう」などの現実的に実現が難しいと思われる解決策）を模索しているグループが多かったということである。

　しかし、ガンディやキング牧師たちが実践した行動（知恵や努力）をおさらいしたヒントカードを渡すと、子どもたちの議論は前3回までの知識や技能を活用した内容に転換していくのである。「新入生たちの立場でも何かできるのではないか」とか、「チーム全体が強くなれば、先輩に交代できるようになるのではないか」といった意見が出るなど、子どもたちの議論は「あなた目線」の解決策から「わたし目線」の解決策といった主体的思考に性質が転じ、さらには「チーム（全体）目線」の解決策を導き出すと

いった社会的思考へと子どもたちの思考や判断が昇華していくのである。こうした様子は、本時に設定した20〜25分の「実生活ブレイクダウン」ワークショップにおいて観察できている。これは、子どもたちが問題解決の方法を考える際に、前述した「問題解決の3段階ステップ」(ローレンス・コールバーグの「道徳性の三つの発達段階」に類似。[表▶6] (p.91))をたどっているということを観察できたといえる結果ではないかと考える。

ここで、子どもたちが考えた具体的なアイディアをいくつか紹介していきたい[表▶7] (p.93)。

なお、この「実生活ブレイクダウン」ワークショップは、子どもたちが考え出すアイディアの精度によって、授業の方向性が大きく揺れてしまうといった欠点がある。そこで、そうした問題を補完するための方策として、以下の二つの手法をあらかじめ準備して実践に臨んでいるので、ここに紹介しておく。実際に、この補完策を使って本時を終わらせたクラスもある。

[方策1]　さらなるヒントを出す(視点の注入)
　　　　(例)「この事例だけど、本当は誰が困っているのかな?」「この問題の解決にあたっては、何を解決しないと意地悪が続いてしまうのかな?」など
[方策2]　各グループからの提案の中に、高次の解決方法が出なかった場合は、「〜な方法もあると考えた人はいなかったかな?　この方法を採った場合、どんな点が良いのかな?」と投げかけて、オープンエンド(open end)で授業を終える。

「実生活ブレイクダウン」ワークショップは、教師からの一元的な方向づけや価値づけをしないようにして、オープンエンドの形で終わらせることを基本としている。授業の終わりは、「意地悪に関しては一人で悩んでいると解決が難しい問題もありますが、こうしてみんなで考えるとたくさんの解決策が出てきて、勇気が湧いてきますよね。実際の場面においては、このようなプロセスによって出されたアイディアのうち、実現可能なもの

[表▶7] 問題解決の3段階ステップ（筆者がまとめた）と子どもたちのアイディアの対応表

問題解決の3段階ステップ		子どもたちのアイディア
ステップ1	他者に変容を求めて解決しようとする段階	・部長・副部長、顧問に相談 ・先輩に直談判する、正論をぶつける ・方針を変えてもらう（先輩を出してもらう） ・退部して自分たちの存在意義を示す ・大切な試合以外は先輩を出すようにしてもらう ・チームを二つに分ける ・サッカー部に昇格させる（出場できる選手が増える）
ステップ2	自分自身が変容して解決しようとする段階	・新入生が無抵抗で練習に励み、先輩の良心に働きかける。 ・新入生5人がもっと仲良くなる ・笑顔で会話する、先輩と仲良くする ・新入生のやるべきことをしっかりやる
ステップ3	全体の利益を考慮して解決しようとする段階	・大差がつくようにして後半戦で先輩を出す ・みんなで意見を出し合うために、話し合う ・先輩たちと特訓して強くなる。団結を図る

[写真▶14] 各グループから提案されたアイディアを全体で共有している様子

に優先順位をつけて、手当り次第に実践していきます。みんな（この事例では、試合に出られない先輩を含む、すべての関係者を意味する）が実践できる方策であればあるほど、解決の可能性が高くなります。黒板に出されたこれらのアイディアが、きみたちの出した本事例における問題解決の知恵です。」というようにして締めくくった。

　これらのアイディアを黒板に貼って、クラス全体においてアイディアの共有を図ると、子どもたちは「三人集まれば文殊の知恵」ということわざの意味を肌で実感することになるだろう[写真▶14]。今後、子どもたちが

「実生活ブレイクダウン」ワークショップを用いた授業の流れ

　[写真▶15]は、「実生活ブレイクダウン」ワークショップの課題をグループの仲間と共に読解し、事例の中の複雑な人間関係や諸条件をよりよく調整しながら、この事例が抱える問題を解決するためのアイディアを出し合うワークショップの様子である。
　最初のうちは、他者に改善を求めるような「あなた目線」のアイディアが多い。

[写真▶15]実生活ブレイクダウン（breakdown）に取りかかる子どもたち

　[写真▶16]は、前回までの既習の知識や技能を活用して課題を思考するように方向づけるために渡した「ヒントカード」を見ている子どもの様子である。ワークショップ開始15分後、いったん授業を止め、「ヒントカード」を配布する。前3回（補充部・深化部Ⅰ・Ⅱ）で学んだ学習内容を振り返らせることがねらいである。

[写真▶16]前回までの既習知識の活用に思考を引き戻す「ヒントカード」

　ここで、子どもたちの意識は、前回までの学習内容に思考が戻る。そして、既習の知識や技能を活用しようという力が加わって、「自分にもできることはないか」とか、「チームとしてできることはないか」といった「自分目線」や「チーム（全体）目線」の高次な議論をしようとする意欲や態度に変容していく。

　[写真▶17]は、ワークショップ開始25分後に、自分たちのグループの意見を模造紙にまとめている様子である。最低、五つぐらいのアイディアをグループごとに模造紙に記述する。このとき、子どもたちは意見をまとめながら、自分たちのグループが出した数個のアイディアのうち、

[写真▶17]自班が検討したアイディアを模造紙に記そうとしている子どもたちの様子

「何が実生活の場面で実現可能か」とか、「何が、みんなの協力を得られそうなアイディアか」といった視点で、アイディアの優先順位づけもしている。

［写真▶18、19］は、「実生活ブレイクダウン」課題について、各グループが考え出した問題解決のアイディアの例である。

これを見ると、子どもたちは、実にさまざまなアイディアをもっているということが理解できる。

はじめのうちは、前3回（補充部・深化部Ⅰ・Ⅱ）の学習活動において習得した知識や技能が頭から抜けてしまい、自分たちの生活経験上のスキル（skill）を用いて問題を解決しようとするために、「他者に改善や努力を求める」ようなアイディアが散見する。

例えば、この活動で示されたコメントの中の「先生

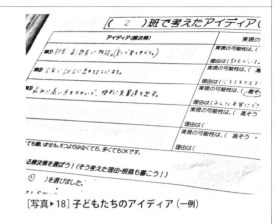
［写真▶18］子どもたちのアイディア（一例）

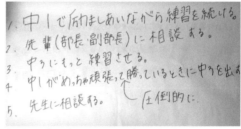
［写真▶19］子どもたちのアイディア（一例）

や大人、先輩に相談する」とか「先生に中3生を出してくれと頼む」などは、他者に依存する問題解決方法である。

しかし、ヒントカードや教員からのアドバイスなどのちょっとした刺激を受けると、子どもたちのアイディアは奥深い内容に変化し始める。「嫌がらせをやめてくださいと直接言う」とか「（自分たちが）雑用を率先してやる」とか、当事者である自分たちが率先して対応を変えていくことによって問題解決を図るといった主体的な問題解決方法を模索し始めるのである。

さらに、「先輩たちと一緒に特訓して団結を図る」とか「試合で圧倒的に勝って、中3の先輩を出す」など、チーム全体の力量を上げることによって問題を解決に導くような社会的思考の視点を考えつくようにもなる。

生きていく知識基盤社会やグローバル社会においては、社会とよりよく関係を築きながら、必要に応じて社会に自ら働きかけて社会変革を図るような問題解決能力が必要となる。こうした問題解決能力を子どもたちに育むために、われわれ教員は日々の授業設計にあたることが重要であろう。子どもたちはアイディアをもっていないのではない。考える視点が、まだ成熟していないのである。それを育てるのが「特別の教科 道徳」を要にした学校の教育活動の使命ではないかと考える。

4. 学習の統合を図る内省深化アクティビティ

　この問題解決ワークショップを用いた「特別の教科 道徳」における授業実践には、子どもたちが「特別の教科 道徳」によって学習した内容を、自らの言葉で振り返り、内省する時間をふんだんに用意している。この言語活動を、筆者は「内省深化アクティビティ」と呼んでいる。本節では前半において、「特別の教科 道徳」にこの内省深化アクティビティを導入することの意味を説明している。また、後半では、本授業実践の中において取り上げた、いくつかの内省深化アクティビティを具体的に紹介し、それぞれのアクティビティのねらいを示すと共に、子どもたちが記したコメントなどを質的データとして示している。本書が提案している問題解決ワークショップを用いた「特別の教科 道徳」における授業実践の内容を、子どもたちがどのように受け止め、どのように内省し、自らの道徳性をどのように深化させているのかを、読者の皆さんにもご覧いただき、授業づくりのイメージをわかせてもらいたい。

① 言語活動の導入を図る意味

　本小単元構成モデルに基づく授業実践では、一連の問題解決ワークショ

ップや内省深化アクティビティを通して、子どもたちの言語による表現活動を多く取り入れている。筆者は、子どもたちが論理的に思考・判断し、自らの言葉で内省しながら、自らの言葉で表現するといった能力を、本小単元構成モデル全体に設定した問題解決ワークショップや内省深化アクティビティ [資料▶4]（p.98）の活動を通して身につけさせたいと考えているのである。

　田中博之によると、「言葉の力」を身につけた子どもたちは、「論理的に思考し表現する力」、「人間関係を豊かにする力」、「イメージや感性を豊かに創造する力」、「実践や行動につなげる力」、「自分を励まし創る力」、「言葉とその使い方を評価する力」（田中博之、2011、pp.5-7）を獲得することになるということである。本書が提案する問題解決ワークショップを用いた「特別の教科 道徳」における授業実践においても、田中が示した六つの力を育む言語活動をふんだんに組み入れることによって、さらに深みのある道徳の学習活動を展開していきたいと筆者は考えている。

　こうした活動を子どもたちに与えるとき、子どもたちの文章作成意欲に有効的に働くのが、前に示した書き方の「型」である。この書き方の「型」については、田中博之が提唱するように（田中博之、2011、p.17）、「型を活用することでしっかりとした表現の内容と構成を保ち、読み手や聞き手に明確な意図やメッセージを豊かに伝えられる力を身につけること」ができるといった効果や、「『型を活用して個性的に表現する』ことは、子どもたちにとって何よりの喜びであり、最高の達成感と充実感を味わえる難易度の高い楽しい学習となる」（田中博之、2011、p.17）というような効果を見込むことができ、この「型」を活用した言語活動は本授業実践における土台的要素となっている。本授業実践では、例えば1時間目（補充部）に行う「役割取得」ワークショップにおいて、「ローザ・パークスを逮捕した白人警官」の立場から考察した場合の記述例を「型」として子どもたちに示したが（第3章-3-①の [資料▶1]（p.64）を参照）、こうした書き方の「型」によって、「ローザ・パークス事件ならびにバス・ボイコット運動」における登場人物の心情理解を、それぞれの立場から考察する際の捉え方のイメージが子どもたちの間に広がっていくのである。

非暴力の力で問題解決するための知恵について考える

アクティビティ①	なぜ、「法律で認められた差別（＝人種隔離法）が憲法違反である」という判決を、それまで差別されてきた黒人社会が勝ち取ることができたのだと、あなたは思いますか。理由を添えて答えましょう。（3～4行）
【表現の仕方例】	「　・・・　」だから、「　～　」と私は考えます。

アクティビティ②	もしあなたがキングたちのように不当な暴力を受けたら、非暴力を貫けると思いますか？　素直な気持ちで構いません。理由を添えて答えましょう。（3～4行）
【表現の仕方例】	「　・・・　」だから、「　～　」と私は考えます。

アクティビティ③	なぜ、キングたち黒人は危険があるのに、暴力を使わない方法で解決することを選んだのだと、あなたは思いますか。理由を添えて答えましょう。（3～4行）
【表現の仕方例】	「　・・・　」だから、「　～　」と私は考えます。

アクティビティ④	これまでの授業を受け、あなたの非暴力による解決方法に対する思いを自由に記述してください。（3～4行）
【表現の仕方例】	「　・・・　」だから、「　～　」と私は考えます（または考えません）。 「　・・・　」だけど、「　～　」と私は考えます（または考えません）。

[資料▶4] **生徒に与えた内省深化アクティビティ（activity）**

必ず、自分の考えに「根拠」を記すように、「表現の仕方例」として「型」を示すようにしている。

ところで、筆者はこの言語活動が子どもたちの道徳性を向上させる上で重要な役割を担っていると考えるのだが、次のことにも言及しておきたい。それは、ストレス・コーピング(stress coping)^{*10}理論やアンガーマネジメント(anger management)^{*11}理論との相関関係である。昨今の子どもたちは、キレやすいとか、行動が攻撃的であるといったことが言われていて、文部科学省が調査した「国民の健康・スポーツに関する調査」(1998 (平成10) 年)では、小学生の約8割が日頃の生活に「イライラ」や「むしゃくしゃ」を感じていると言われている (土田雄一、『道徳授業の新しいアプローチ10』明治図書、2005 (平成17) 年、p.149より)。

　土田雄一は、その原因について「ストレスを強く感じている子どもたちが上手にストレスのコーピング (対処行動) ができないと、『キレる』、『いじめ』、『不登校』『ひきこもり』等の二次的な問題へと発展する」ことがあるとしたうえで、「ストレスを知り、ストレスを上手に処理したり、対応したりするための学習」が必要であると説いている (土田雄一、2005、p.150)。このように、子どもたちが、日常生活の中で起こるさまざまな葛藤場面でストレスを感じたときに、「物事を別の角度から捉え直し、『相手の立場に立って考える力 (「他者への想像力」)』」(土田雄一、2005、p.151) を備えていれば、ストレスを上手くコーピング (coping) することができるようになる。

　このストレス・コーピング (stress coping) の訓練を取り入れることによって、子どもたちは、相手の行動の背後にある根拠や気持ちを多面的・多角的な視点から総合的に推し量り、自らの言葉や文章でそれらの感情を表現することが可能になる。また、こうしたトレーニングによって、自らに生じたストレスや怒りを主体的に鎮めることができるようになると考える。このように、認知行動療法的な視点からも、言語活動を通して物事を深く考察する活動は、子どもたちの道徳性を深めていくうえにおいて重要な視点になると考察することができる。以上のような観点から、本授業実践の主要な活動に言語活動を位置づけるということについての教育的効果が大きいと考えることができるのである。

2 本実践の内省深化アクティビティから読み取れるもの

　本授業実践では、書き方の例（「型」）を示すことによって、自らの考えを文章として表現するような言語活動を多く設定している。こうした言語活動を通して、道徳的価値への気づきをさらに促進し、自己の内面にある感情を言語化することでメタ認知的な道徳性の形成を子どもたちに図ろうとするのである。

　本授業実践の中で、子どもたちに与えている内省深化アクティビティは、[**資料▶4**]（p.98）に示した四つである。この節では、それぞれの内省深化アクティビティに込めた筆者のねらいをまとめると同時に、それぞれの内省深化アクティビティに記された子どもたちのコメントを紹介し、かれらの考えがどのように変化していったかをたどってみたいと考える。

内省深化アクティビティ1

　なぜ、「法律で認められた差別（＝人種隔離法）が憲法違反である」という判決を、それまで差別されてきた黒人社会が勝ち取ることができたのだと、あなたは思いますか。理由を添えて答えましょう。（3～4行）

　内省深化アクティビティ1は、1時間目の補充部における授業実践で取り上げた言語活動（第3章-3-①（p.60））で、「役割取得」ワークショップを用いて登場人物の心情理解を図る課題を終えた後に授業の振り返りを行うリフレクション（reflection）として与えたものである。この課題の目的は、黒人差別を認めたアメリカの人種隔離法を「非暴力の力」によって黒人社会が解決した際に、その成功の勝因がどこにあったのかを自分自身の言葉で内省し、整理させることによって、補充部で学習した道徳的認知をより深く認識させていくためのものである。

　次に示した子どもたちの記述の代表例を概観すると、「一人の力が大きな力となったのは黒人たちの団結である」という視点や、「その団結の強さと非暴力という正義の行動が世界中に示されたために、白人をも含むア

メリカ全土の人々に理解の輪が広がっていった」という視点に子どもたちが気づいたことが見てとれる。そして、「こうした黒人たちの努力が法律をも変え、社会全体の価値観を変容させた」という考察が、しっかりとした分析の下に子どもたちから出されている点でとても素晴らしいことに感じる。

　その他の子どもたちの記述を見ていても、下記の代表例に示したようなコメントが多数見受けられる。文章力には多少の課題があると思われるものの、おおむねすべての子どもがこの課題の目的を達成できていたように感じている。文章力に課題が残る点については、「特別の教科 道徳」を要とした学校全体の道徳教育の中で、国語とクロス・カリキュラム（cross curriculum）を組むことによって、両者が連携しながら改善していくことが望ましいと考える。

　下記の代表例以外に子どもたちから出た回答を項目としてあげると、団結（32人）、改善に対する信念（32人）、行動の継続力（11人）、努力・執念（12人）、キング牧師やローザ・パークスに対する共感（10人）、非暴力による解決（8人）などであった。ユニークな回答としてあげられるものは、白人社会への打撃（4人）や白人社会の中への理解浸透（7人）などがあげられている。ちなみに、このデータの母集団は中学1年生90人である。

❖ **内省深化アクティビティ1に対する子どもたちの回答例**（（　）は筆者が補充）
(1) キング牧師が黒人に（バス・ボイコット運動を）呼びかけ、みんなが一丸となって差別をなくしたんだと私は思います。その気持ちにケネディ（たち白人）は心を動かされたのだと思いました。
(2) キング牧師の説得力のこともありますし、黒人の人たちが皆心を一つにして力を合わせたから、白人も他の人たちも、キング牧師と黒人の行動に心を打たれたと私は思います。
(3) 一人の人がおかしいと感じ、行動に出たことが成功のポイントである。
(4) 黒人は白人のように力で解決するのではなく、言葉で解決しようとしたのと、頭の中で賢く考え、行動したから勝ち取れたと思います。
(5) 人間は平等だから、黒人だからとか、白人だからとかいう（人種隔離の）

法律自体がどうかしていると思う。差別をされていた黒人たちがあきらめずに戦った結果と私は考えます。

> **内省深化アクティビティ2**
>
> もしあなたがキングたちのように不当な暴力を受けたら、非暴力を貫けると思いますか？　素直な気持ちで構いません。理由を添えて答えましょう。(3～4行)

　内省深化アクティビティ2は、2時間目（深化部Ⅰ）のメインテーマである問題解決の対極する「暴力的な解決方法と非暴力的な解決方法のメリット・デメリットの比較」をさせる前に、子どもたちに考えをまとめさせたものである。

　この課題のねらいは、子どもたちに「暴力がいけないことはわかっているけれど、実際に自分がその立場だったらどうするだろうか」という思考の葛藤（ジレンマ）を仕掛けることによって、子どもたちの間に課題に対する当事者意識をもたせることである。子どもたちが当事者意識をもちながら複雑な問題の解決に迫ることは、課題を深く考察するうえでは極めて大切な視点であると考える。

　では、この課題に対する子どもたちの考えは、実際にどのようなものだったのであろうか。子どもたちが記したコメントを集計すると、「貫ける」が28.0％、「貫けない」が62.7％、「貫く努力はするが続いたらやり返す」が4.0％、「何もできない」が5.3％ である。中には「貫けるか」「貫けないか」という二極だけでなく、ケースバイケースといった高次の意見や、自分の弱さを認めるような素直な意見があり、こうした多様な意見が出たことは興味深い結果であったといえる。

　さて、ここで注目したいのは、内省深化アクティビティ2についての取り組みが、この授業の主たるテーマである「暴力的な解決方法と非暴力的な解決方法のメリット・デメリット」を比較する「ビッグ・ブレスト」ワークショップに入る直前の課題であったにもかかわらず、子どもたちの回

答例の中に、(4)のような「暴力の連鎖性」という概念を既に気づいている子どもが存在していたことである。また、回答例(3)のように、「自分だけなら貫けないが、仲間と共になら貫く」といった、主観的分析をしつつも客観的分析を行っている子どもや、回答例(5)のように、「差別や暴力を行う者に諭す」といった哲学的な分析をしようとしている子どもが存在していたことも、興味深い視点なので特記しておきたい。

　ちなみに「貫ける」と答えた子どもがあげた根拠の上位は、「暴力で返せば自分たちも白人と同罪になる」(9人)、「暴力は本当の解決にはならない」(6人)だったのに対し、「貫けない」と答えた子どもは「納得がいかない」(17人)、「辛い」(16人)、「エスカレートする」(6人)、「カッとなってしまう」(7人)であった。

　このデータ（子どもたちの回答例）からわかることは、「貫ける」と答えた子どもの多くは、客観的な立場から理屈で非暴力を捉えている点であり、「貫けない」と答えた子どもの多くは主観的な立場から感情で非暴力を捉えているという点である。つまり、道徳性を高めるためには情意的側面だけでなく、認知的側面形成も重要な要素であることが理解できる。「わかってはいるけれど、我慢できない」という思考を、「こういう問題が生じてしまうから、我慢するように努力しよう」という思考に変え、さらには「そのデメリットをよりよく克服しながら、当該の問題を解決するにはどのような知恵が必要か」という高次の思考力・判断力に発展させることが必要と考えられる。この視点は、本授業実践がめざすところでもある。

　このアクティビティは個人課題として取り組み、その後にグループ内発表において考えを共有した。発表を通して、子どもたちは課題が一様に与えられても、人によってそれぞれ考え方や受け止め方に違があるということを気づいたことであろう。この点が、言語活動による内省深化アクティビティの醍醐味でもある。

❖ **内省深化アクティビティ2に対する子どもたちの回答例**（（　）は筆者が補充）
(1) 自分が怖い思いや痛い思いをしたくないから、私は暴力を受けたら、耐えられなくて非暴力を貫けないと思います。　　〈**主観的な分析例**〉

(2) 白人と同じ人間なのに肌の色が違うからといって殴られ続けていたら、どんなに暴力で返しちゃダメと言われても、やり返すと思う。(略) でも暴力はダメな気もします。　　　　　　　　　　〈主観的な分析例〉

(3) 貫けないと思う。暴力をずっとやられたらいやな気持ちになるし、〜（略）〜だから私は貫けないと思った。自分の仲間たちがもし貫けるとしたら、自分も最後まで貫きたいと思う。　〈主観的＆客観的な分析例〉

(4) 暴力を受けたら暴力でしかえしたいと思うけれど、暴力でしかえしたら永遠に続くと思うので、暴力でしかえしたりしない方がよいと思います。　　　　　　　　　　　　　　　　〈客観的な分析例〉

(5) 私は「ここはあなたたちだけの椅子ではありません。黒人も白人も同じ人間なのです。あなたたちに〜（略）〜暴力を受けるということは、あなたたちは罪ですよ」と言って（非暴力で対抗すると思います）。
　　　　　　　　　　　　　　　　　　　　〈哲学的な分析例〉

(注)〈 〉内のカテゴリー分析は、筆者が行ったものである。主観的な分析とは、自分目線で行った分析をさす。客観的な分析とは、他者や社会との関連をもたせたうえで行った分析をさす。哲学的な分析とは、相手に変化を促すような啓発的な視点で行った分析をさす。

内省深化アクティビティ3

なぜ、キングたち黒人は危険があるのに、暴力を使わない方法で解決することを選んだのだと、あなたは思いますか。理由を添えて答えましょう。(3〜4行)

　内省深化アクティビティ3は、2時間目（深化部Ⅰ）の主題に設定した、「暴力的解決方法と非暴力的解決方法のメリット・デメリット」を比較する「ビッグ・ブレスト」ワークショップをやり終えた後に、「暴力的解決方法」を採らなかったキング牧師たちの行動を比較・考察した結果をふまえて内省的に振り返らせることによって、どちらの方法がよりよい解決策だということができるかを改めて考えさせるために行ったものである。子どもたちは日ごろから、やって良いことと、悪いことの判断基準を肌で身につけているが、こうした内省深化アクティビティ3のような自分の内面と向き

合う課題を経過することによって、非暴力という行動を選択した黒人社会がその行動に至った根拠を深く認識し、非暴力という道徳的価値を意味のうえから本質的に理解し直すことが可能となる。つまり、道徳性の認知的側面（思考や判断）が、こうした言語活動を用いた振り返り（リフレクション）活動を組むことによって、さらに深まりやすくなるという効果が見込めるのである［表▶8］。グループワーク通して作り上げた学級における「ビッグ・ブレスト」ワークショップの結果をよく思い返しながら、子どもたちは内省的に授業内容を整理し、道徳的価値の本質的理解を促進することができたものと筆者は評価している。

❖ 内省深化アクティビティ3に対する子どもたちの回答例

子どもたちの回答例は［表▶8］にまとめた。

［表▶8］内省深化アクティビティ（activity）3における子どもたちの主な意見

（母集団90人、重複回答あり）

考え（筆者が共通項目を抽出してまとめた）	人数
皆が傷つくから、暴力は人を巻き込んでしまうから	31
暴力の応酬になるから、長引くから	19
暴力では何も変わらないとわかっていたから	16
暴力で返すと白人と同じだから、白人を傷つけてはいけないから	12
非暴力の方が平和に解決できるから	12
暴力以外の解決法を知っていたから	4
やがて反発されない方法が非暴力だったと考えたから	4
白人たちに罪悪感が生まれ、理解者が出やすいから	3
非暴力な方法で正義を訴えようとしたから	2
暴力をした方が負けと考えたから	2
暴力は良くないと考えたから	2
暴力は恐怖で従わせているだけと考えたから	1
暴力は恨みを生むと考えたから	1

> **内省深化アクティビティ4**
>
> これまでの授業を受け、あなたの非暴力（ひぼうりょく）による解決方法に対する思いを自由に記述してください。(3～4行)

　内省深化アクティビティ4は、補充部ならびに深化部の授業が終了した最終段階で、一連の学習を総括的に内省する目的でまとめさせたものである。ここから読み取れることは、多くの子どもたちの中に「非暴力」という価値が、そのデメリットも含めて解釈され、十分な理解にまで高まっている点である。一般的に、私たちは、そのデメリットを考えれば簡単には「非暴力」を実行できないものだが、ガンディやキング牧師などが実践したような行動（知恵や努力）や仲間の団結が背景にあれば、「非暴力」は暴力の連鎖を防ぎ、よりよい社会の実現に向けた改善行動として有効的な方策の一つになり得るということを子どもたちは本授業実践を通して実感したであろう。これは実際に、下記に示した子どもたちの回答例（下線部）からも有意に見てとれる。こうした意識形成に至った背景には、2時間目（深化Ⅰ）と3時間目（深化Ⅱ）に行った問題解決ワークショップを用いた本授業実践における活用学習の存在があり、それぞれの活動が子どもたちの道徳性の変容に効果を及ぼしたということが推察されるのである。

❖ **内省深化アクティビティ4に対する子どもたちの回答例**

（注：アンダーラインは筆者）

(1) 私は差別をなくしたいので暴力は絶対にダメだと考えます。耐えるのは辛いけれど、黒人が暴力をしたら白人はもっと怒って戦争につながってしまうと考えます。

(2) ガンディのマンガ（資料）のセリフに書いてあったように、私も暴力はまた暴力を生んでしまって、いつまでたっても解決しないのだなと思いました。非暴力で社会を変えようとしたガンディやキング牧師はすごいなと思いました。

(3) 最初は耐えきれずやり返してしまうと思っていたけれど、この授業を受けて暴力はただ大ゲンカへと続くだけだし、互いに納得して解決す

ることができないのだということを学んだ。だから暴力で返すのではなく、非暴力で話し合いをするべき、と私は考えます。
(4) 非暴力は良さもあるけれど、ずっと耐え続けるのは難しいと思う（耐えられる人と耐えられない人も出てくると思う）。だから、非暴力は仲間との団結も必要だし、皆をまとめられる人が必要なのだなと思った。
(5) 非暴力での解決は長い時間が必要だけれど、何もしないわけではないから、とてもいい方法だと私は考えます。しかし、長い時間が必要だというのと、終わりが見えないというのが、一番の問題だと思いました。
(6) 暴力は憎しみを与えるだけで、何もよいことはないと思いました。ガンディの考えはキングと一緒だけど、インドのものしか使わないという考えは思いつかなかっただろうし、この方法は自分の国を成長させることができるからよいと思いました。
(7) 暴力は憎しみが生まれるだけだから、非暴力による解決がよいと私は考えます。非暴力で白人に思いを伝えられればよいと思います。そして、白人は納得して差別をなくし解決してほしいと思います。
(8) 非暴力は時間がかかるし、我慢しなければいけないこともあるけれど、暴力による解決では暴力しか生まれず同じことの繰り返しが起こるので、非暴力で解決することが一番だと私は思います。
(9) 非暴力は時間がかかるなどデメリットもあるけれど、問題を解決するには人を傷つけない方法で解決策を考え、皆が協力するとよいということがわかった。

3 本実践の感想文から読み取れるもの

　本小単元構成モデルに基づく授業実践を終了するにあたり、筆者は、子どもたちから授業全体に関する感想を寄せてもらった。これは感想文という形態をとった自由記述形式のアンケート（質的データ）である。このアンケートを自由記述形式にした理由は、本小単元構成モデルや社会科と道徳科を結びつけた今回のようなスタイルの授業実践を行うのが初めてのケースになるため、これより以前に十分なサンプルが存在せず、アンケート項

目を量的データ形式にまとめることができなかったからである。問題解決ワークショップを用いた「特別の教科 道徳」における授業実践を、何回かにわたって繰り返せば、アンケートの共通項目が発見できるようになると考えるので、その際は、量的データ形式のアンケートを試すこともできるようになると考える。

　子どもたちに感想文を綴らせると、思った通り、意見は多様に出てきたので、その集計結果を [表▶9] (p.109) に示したい。

❖ 感想文に対する子どもたちの回答例

- ふだんは、道徳ノートの○○ページをやってくださいと言って、そのページをやったら終わりで正直不満ですが、今回の授業はグループで考えを出し合ったり、協力できたりしたのでとてもよかったです。ローザ、キング、ガンディのような勇気ある人になりたいと思います。
- その人物の気持ちなどを考えたりして（略）、立場ごとの意見がわかった。今度からは、社会の授業を受けたときに、出てきた人物を深く調べてみようと思った。
- この授業をするまでに、アメリカには差別があることは知っていたけれど、バスの席を譲らないと逮捕されてしまうほどひどくて厳しい差別だと思っていなかったので、びっくりしました。1回に社会と道徳を勉強できて楽しかったです。
- 動画や漫画を教材に使いながら学習することができ、（略）この授業で自分が発言するという力が鍛えられたように思いました。
- 道徳性アンケート（p.136～）の結果が、事前と事後で明らかに良い結果に変わっていて自分でもびっくりしました。歴史上の人物から教わることがたくさんありました。私は今までひねくれ者で、人の言うことを聞かないような人でした。でも、この授業を受けたら姉弟や友達とのけんかですぐに手を出してしまうことがなくなりました（略）しっかり話し合いをして、みんなが平等な世の中を作ることができるような人になりたいと思いました。

[表▶9] 子どもたちの授業後のアンケート（感想文）集計結果（母集団90人、重複回答あり）

分類	大項目	項目	票数	大項目構成比	分類構成比
授業	課題解決型授業のよさ	アクティブラーニングが面白かった・わかりやすかった	32	42%	53%
		さまざまな意見に触れられてよかった	21		
		友達とのコミュニケーションで高め合えた	17		
		難しい問題もみんなの力で考えれば方策はたくさんあると思った	11		
		解決策にはいろいろあって、よりよいものを選ぶことが大切とわかった	1		
		さまざまなことがひとくくりでないことを知った	1		
		不安な所に声掛けしてくれてよかった	1		
	教材のわかりやすさ	DVDとマンガによる教材がよかった（ICT、インクルーシブ）	20	11%	
		教材がわかりやすくてよかった	3		
道徳	活用意欲の高まり	人の気持ちを考えることが今後の生き方を変えてくれそう	12	11%	21%
		平等で平和な社会を創りたいと思った（活用したい）	8		
		授業を受けて兄弟げんかで手が出なくなった	2		
		歴史上の人物調べがしたくなった	1		
	社会と道徳の連携	社会と道徳が連携された授業がよかった（社会を詳しくした感じがよかった）	11	6%	
		社会科だけでは補えない内容を学べた	1		
	道徳的認知の高まり	非暴力のよさを理解できた	3	4%	
		勉強しているうちに非暴力、暴力の長短がわかった	2		
		正しいことをすることの大切さがわかった	2		
社会	社会科的認知の高まり	差別を改善する歴史が詳しく理解できた	14	19%	19%
		差別の実態を知ることができた	12		
		ガンディやキングの偉大さを知った	10		
		最近のニュースと結びついた	1		
		法律に差別をしてよいと書かれていたのはよくないと思った	1		
成長	自分自身の成長	社会が楽しみになった、好きになった	6	7%	7%
		以前までの考え方が変わったことに気がついた	3		
		表現力や発言力がついた	3		
		あまり日ごろは意見を出す方ではないけれど、楽しく意見が出せた	1		
		暴力に頼らず平和な世の中になればよいな	1		

このように、データを集計すると、今回の授業の成功要因が問題解決ワークショップを用いた道徳授業実践の授業形態にあったことが一目瞭然である。半数の子どもたちは、子どもたち同士の議論の中で、多様な意見に触れることのよさを実感している。そして、このような教育的効果に依拠して、道徳的要素（活用意欲、道徳的認知）に関する意識の高まりや、社会科的思考の高まりが生じたことがデータから窺える。これは、問題解決ワークショップを用いた「特別の教科 道徳」における授業実践の展望を模索するうえで、大変有意なデータであると実感している。

　中でも注目すべきは、この授業を通して活用意欲が高まっていることである。子どもたち同士で道徳的価値を比較・分析したり、自分の意見を他者に説明したり、他者の意見を評価・承認しあったり、時に反論したりする道徳のアクティブ・ラーニングが、子どもたちの心に響いたのであろう。中央教育審議会が示した道徳教育の課題の中には、道徳的心情理解に偏重しがちな従来の「道徳の時間」の指導方法から、道徳的実践意欲あるいは道徳的実践を促進する問題解決的な指導への転換を求めているが、ここに示された課題の一つの解決策を本授業実践によって導き出せたのではないかと筆者は考察している。実際に、[表▶9]（p.109）に示した「活用意欲の高まり」という大項目の欄に「兄弟げんかで手が出なくなった」という回答を示した子どもが2人存在していたのだが、これは本授業実践を受けたことによって、子どもたちが「実践できるようになったこと」＝「道徳的実践をしたこと」になるといえるのではあるまいか（なお、本データ以外にも、本授業実践を通して子どもたちの実践意欲が高まり、道徳的実践をしたことを示す資料は存在する。これについては、第6章（p.147〜）にて、子どもたちが記した「道徳はがき新聞」を紹介しているので、それを参照していただきたい）。

　本授業実践は、ユニバーサル・デザインの視点も随所に導入しながら、落ちこぼしのないように綿密な指導計画に基づく授業設計を図っている。また授業の展開に際しては、時間のロスがほとんど許されないぐらいに、活動内容を凝縮させた授業づくりを行っている。そのため、子どもたちにとっては手持ち無沙汰な時間がほとんどなく、常に集中して思考・判断・表現をしている状態におかれた授業になっていたのではないだろうかと筆

者は推察する。その意味では、こうした問題解決ワークショップを用いた道徳におけるアクティブ・ラーニングの有用性が、指導方法的な視点からも証明されたと考えることができる。[表▶9]（p.109）の集計結果に、「教材のわかりやすさ」をあげた子どもたちが多く存在しているが、これはユニバーサル・デザインの視点が子どもたちの心に好感を与えたという証でもあると捉えている。

　最後に、本章のまとめとして取り上げたいことは、教科で学習した内容（今回は社会科）を道徳的に補充・深化・統合するといった、本小単元構成モデルに基づく問題解決ワークショップを用いた「特別の教科 道徳」における授業実践が、道徳と教科学習の双方の領域を高め合うことを可能とするということが、[表▶9]（p.109）の集計結果からも明らかになったことである。これは、「特別の教科 道徳」が、学校の教育活動全体の要として機能したことを意味していると考えることができる。ゆえに、「特別の教科 道徳」を道徳教育の要にして学校の教育活動全体を高めていくような組織的な取り組みが、今後の学校現場でますます重要になってくると考えるのである。

脚注

＊1　メタ（meta）認知……『脳科学辞典』によると、「自己の認知活動（知覚、情動、記憶、思考など）を客観的に捉え評価したうえで制御することである。『認知を認知する』(cognition about cognition)、あるいは『知っていることを知っている』(knowing about knowing) ことを意味する。またそれを行う心理的な能力をメタ認知能力という。 メタ認知は様々な形でみられ、学習や問題解決場面でいつどのような方略を用いるかといった知識や判断も含まれる。現在では多くの教育現場でメタ認知能力の育成は重要な課題となっている。またメタ記憶とは自己の記憶や記憶過程に対する客観的な認知であり、メタ認知の重要な要素のひとつである。」と定義されている。(中山遼平・四本裕子「メタ認知」、『脳科学辞典』東京大学総合文化研究科、2012（平成24）年、https://bsd.neuroinf.jp/wiki/%E3%83%A1%E3%82%BF%E8%AA%8D%E7%9F%A5)。

＊2　エンパワーメント（empowerment）……「①力をつけること。また，女性が力をつけ，連帯して行動することによって自分たちの置かれた不利な状況を変えていこうとする考え方。 ② 権限の委譲。企業において従業員の能力を伸ばすためや，開発援助において被援助国の自立を促進するために行われる。」。ここでは①の「力をつけること」の意味で用語を用いた（『大辞林 第三版』三省堂　http://www.weblio.jp/content/%E3%82%A8%E3%83%B3%E3%83%91%E3%83%AF%E3%83%BC%E3%83%A1%E3%83%B3%E3%83%88)。

＊3　人種隔離法……公民権法の成立以前のアメリカ合衆国では、人種差別が法的に認められていた。15世紀から19世紀の前半にかけて、アフリカから奴隷として連行された黒人は、南北戦争で奴隷解放された後も差別的な待遇が続いた。人種隔離法の下では「separate but equal（セパレート バット イコール）」＝「分離すれども平等」とされ、黒人たちの公民権は著しく制限されていた。キング牧師たちの公民権運動が広がりをみせる中、暴徒化した一部の白人たちが暮らす地域では、州知事を挙げて人種隔離法の徹底を叫んだ。しかし、良心的な白人の公民権運動への理解と協力、あるいは冷戦下の国際的なバッシングを受ける中で出されたケネディ大統領の英断＝「公民権法」の成立によって、人種隔離法は撤廃されることになった。

＊4　モラルジレンマ（moral dilemma）理論……登場人物の役割取得を通して、自分とは違った立場にたっている他者の視点から考察する時に生じる葛藤（ジレンマ (dilemma)）を体感させることによって、道徳的な不均衡を均衡化する働きの中でより高次の道徳的認知構造（道徳性）を獲得させるような指導理論である。これは、ローレンス・コールバーグ (Lawrence Kohlberg) 理論に基づくものである（荒木紀幸「『モラルジレンマ授業』の理論」、諸富祥彦編著『道徳授業の新しいアプローチ10』明治図書、2005（平成17）年、p.81（筆者が整理））。

＊5　ローレンス・コールバーグ（Lawrence Kohlberg）……道徳性の認知的発達理論を唱えたアメリカの心理学者。ローレンス・コールバーグが唱えた道徳性の三つの発達段階には前慣習的段階（①罰と服従への志向、②道具主義的な相対主義志向）、慣習的段階（③対人的同調「良い子」志向、④「法と秩序」志向）、脱慣習的段階（⑤社会契約的な法律志向、⑥普遍的な倫理的原理の志向）があり、各段階には更に（　）内に示した二つの下位項目（ステップ）が設定されている。合計六つの発達段階を示した。

＊6　ユニバーサル・デザイン（universal design）……髙橋は、「『製品や建物ができるだけすべての人に使えるようにデザインしようとするアプローチである』（ロナルド・メイス；Mace,R.L）。教育においても、多様な学び手がいる教室で、より多くの子どもが学習にアクセスできるよう環境や指導法を工夫した実践のこと（p.165）」と定義づけたうえで、「すべての子どもにとって過ごしやすい教室環境を整え、学びやすい授業づくりを行うこと（p.161）」を推奨している（髙橋あつ子「XII特別支援教育」、安彦忠彦・児島邦宏・藤井千春・田中博之編著『よくわかる教育学原論』ミネルヴァ書房、2012年、pp.160-167）。

＊7　ブレーン・ストーミング（brainstorming）……「参加者が自由に多くの意見を出し合うことによって、独創的なアイディアを引き出す集団思考法」（『コトバンク（大辞林第三版）』より。https://kotobank.jp/word/%E3%83%96%E3%83%AC%E3%83%BC%E3%83%B3%E3%82%B9%E3%83%88%E3%83%BC%E3%83%9F%E3%83%B3%E3%82%B0-8418）。よく行われる手法は、模造紙と付箋を用いて意見を出し合い、共通の意見をカテゴリーに分類して、全体の意見を構築していくやり方である。

＊8　モデリングサイコロジー（modeling psychology）……『臨床心理学用語の樹形図』によると、「A.バンデューラの実験により原理が証明されたものです。観察学習ともよばれます。他者の行動やその結果をモデル（見本）として観察することが、観察者の行動を変化させる現象です。古典的条件づけやオペラント条件づけとの違いは学習するのに直接経験する必要がないことです。バンデューラは伝統的学習理論と区別して、社会的学習理論と名付けました」とされる。本書が紹介する授業実践では、ローザ・パークスやキング牧師、あるいは公民権運動の参加者全員がモデリング（modeling）の対象となる（「モデリング」、『臨床心理学用語の樹形図』、http://hermes321.com/psychotherapy/behavior-therapy/modeling/ アクセス2015年2月18日）。

＊9　ビッグ・カルタ……「イメージマップ（image map）」（開発教育協会によると、「自分の持っているイメージを描くことによって自分の思考や固定観念を視覚化し、より明確にそれらを見つめるための作業なのだ。また、それぞれが持つイメージを比較しあうことを通して、自分の『ものの見方』を客観的に分析したり、多様な『ものの見方』に気付いたりすることができる」と示されている（「イメージマップとは」、「基本アクティビティ9「イメージマップ」-頭のなかにあるものを絵にしてみる」開発教育協会、http://www.dear.or.jp/activity/menu09.html アクセス2015年2月18日））に近い学習方法。

＊10　ストレス・コーピング（stress coping）……土田によると、「ストレスを知り、ストレスを上手に処理したり、対応したりするための学習」をさす。この学習を行うことによって、「自分の心に向き合い、ストレスを上手にコントロールする」ことができるようになる。そして、その効果は、「自己コントロール力の育成にもつながり、『生きる力』の育成にもなる」ということである（土田雄一「『ストレス・コーピング』の理論」、諸富祥彦編『道徳授業の新しいアプローチ10』明治図書、2005年、p.150）。

＊11　アンガーマネジメント……髙橋によると、「怒りを感知し、どう対処するかを学ぶプログラム」のことをさす（髙橋あつ子「XII特別支援教育」、安彦忠彦・児島邦宏・藤井千春・田中博之編著『よくわかる教育学原論』ミネルヴァ書房、2012年、p.167）。一般社団法人日本アンガーマネジメント協会によると、「アンガーマネジメントを学ぶ事によって、自分自身の怒りを理解し、コントロールしたり、癒したり、ポジティブなものへ変換させたり、自分の中でたくさんの変化が生まれ、感情がさらに豊かになり、職場での問題解決や、夫婦や友人、人間関係全般、自分の周りに関係するあらゆる物事に良い循環が生まれます」という効果を示している（「はじめての方へ

代表理事からのメッセージ」、『一般社団法人日本アンガーマネジメント協会ホームページ』一般社団法人日本アンガーマネジメント協会、https://www.angermanagement.co.jp/about)。

本文編　参考文献・引用文献（本文出現順）

◆1　柳沼良太「2指導内容を設計する」、押谷由夫・柳沼良太編著『道徳の時代をつくる！-道徳教科化への始動-』教育出版、2014（平成26）年、pp.50-55
◆2　藤田善正「伝記に学ぶ人の生きざま」、『道徳教育 2010（平成22）年1月号 No.619』明治図書、2010（平成22）年、pp.6-9
◆3　藤間隆子「地域の偉人から学ぼう」、道徳教育 2010年1月号 No.619』明治図書、2010（平成22）年、pp.14-15
◆4　柳沼良太「3指導方法を設計する」、押谷由夫・柳沼良太編著『道徳の時代をつくる！-道徳教科化への始動-』教育出版、2014（平成26）年、pp.56-61
◆5　アルバート・バンデュラ「モデリング過程の分析」、アルバート・バンデュラ編、原野広太郎・福島脩美共訳『モデリングの心理学』金子書房、1975（昭和50）年、pp.3-69
◆6　文部科学省　道徳教育の充実に関する懇談会『今後の道徳教育の改善・充実方策について（報告）』、2013（平成25）年
◆7　田中博之「序章 言葉の力を育てる教育を創る」「第Ⅰ部 理論編 活用学習の理論と特色」、田中博之編著『言葉の力を育てる活用学習』ミネルヴァ書房、2011（平成23）年、pp.Ⅰ-46
◆8　土田雄一「『ストレス・コーピング』の理論」、諸富祥彦編著『道徳授業の新しいアプローチ10』明治図書、2005（平成17）年、pp.149-153

脚注編　参考文献・引用文献（本文出現順）

◆9　中山遼平・四本裕子「メタ認知」、『脳科学辞典』東京大学総合文化研究科、2012（平成24）年、https://bsd.neuroinf.jp/wiki/%E3%83%A1%E3%82%BF%E8%AA%8D%E7%9F%A5
◆10　「エンパワーメント」、『大辞林 第三版』三省堂、http://www.weblio.jp/content/%E3%82%A8%E3%83%B3%E3%83%91%E3%83%AF%E3%83%BC%E3%83%A1%E3%83%B3%E3%83%88
◆11　荒木紀幸「『モラルジレンマ授業』の理論」、諸富祥彦編著『道徳授業の新しいアプローチ10』明治図書、2005（平成17）年、pp.81-89
◆12　髙橋あつ子「Ⅻ特別支援教育」（「4 発達障害と教育」、「5 学習障害とその理解」、「6 ADHDとその理解」、「7高機能自閉症等とその理解」）、安彦忠彦・児島邦宏・藤井千春・田中博之編著『よくわかる教育学原論』ミネルヴァ書房、2012（平成24）年、pp.160-167

- 13 「ブレーンストーミング」、『コトバンク（大辞林　第三版）』、https://kotobank.jp/word/%E3%83%96%E3%83%AC%E3%83%BC%E3%83%B3%E3%82%B9%E3%83%88%E3%83%BC%E3%83%9F%E3%83%B3%E3%82%B0-8418
- 14 「モデリング（modeling）」、『臨床心理学用語の樹形図』http://hermes321.com/psychotherapy/behavior-therapy/modeling
- 15 「イメージマップとは」、『基本アクティビティ9「イメージマップ」-頭のなかにあるものを絵にしてみる』開発教育協会、http://www.dear.or.jp/activity/menu09.html
- 16 土田雄一「『ストレス・コーピング』の理論」、諸富祥彦編著『道徳授業の新しいアプローチ10』明治図書、2005（平成17）年、pp.149-153
- 17 髙橋あつ子「Ⅻ特別支援教育」（[7高機能自閉症等とその理解]）、安彦忠彦・児島邦宏・藤井千春・田中博之編著『よくわかる教育学原論』ミネルヴァ書房、2012（平成24）年、pp.166-167
- 18 「はじめての方へ　代表理事からのメッセージ」、『一般社団法人日本アンガーマネジメント協会ホームページ』一般社団法人日本アンガーマネジメント協会、https://www.angermanagement.co.jp/about

教材研究、資料に用いた参考文献・参考資料（本文出現順）

- 19 NHK「I Have a Dream ～キング牧師のアメリカ市民革命～」、『その時歴史が動いた（第342回）』NHK（放送）、2008（平成20）年
- 20 猿谷要著『物語　アメリカの歴史 -超大国の行方-』中公新書、1991（平成3）年
- 21 マハトマ＝ガンジー著、蝋山芳郎訳『ガンジー自伝』中公文庫、1983（昭和58）年
- 22 アリステア・クック著、鈴木健次翻訳・櫻井元雄翻訳『アリステア・クックのアメリカ史〈上・下〉』NHKブックス、1994（平成6）年
- 23 相島匡俊（法政大学名誉教授）監修、南舘千晶漫画『学習漫画　世界の歴史⑲アジア・アフリカ独立の時代』集英社、2002（平成14）年、資料3に転載
- 24 鳥越俊太郎監修、平松おさむ まんが、菅谷淳夫 シナリオ「John・F・Kennedy ケネディ-銃弾に倒れた若き大統領-」、『小学館版　学習まんが人物館』小学館、1996（平成8）年、資料3に転載
- 25 押谷由夫・柳沼良太編著『道徳の時代がきた!-道徳教科化への提言-』教育出版、2013（平成25）年
- 26 御前充司・藤井英之・宮崎正康編著『中学生に道徳力をつける-授業ですぐ使える新資料35選-』明治図書、2007（平成19）年
- 27 橋本太朗編著『道徳教育の理論と実践』酒井書店、2009（平成21）年
- 28 宇土泰寛「小学校　社会のルールを大切にする心を育てる（平成8年）」、文部省『道徳教育推進指導資料（指導の手引き）6』大蔵省印刷局（MESSC1-9605）、1997（平成9）年、pp.78-81

第4章

問題解決ワークショップを用いた「特別の教科 道徳」の授業実践を展開するうえでの工夫

本書が提案する問題解決ワークショップを用いた「特別の教科 道徳」における授業実践をここまで読み進めてくると、読者の皆さんの中には50分という短い授業時間の中では展開が困難ではないかと考える方も少なくないだろう。そこで、本章では、子どもたちが授業の流れから落ちこぼれることなく、しっかりと学習活動を深めていくことを保障しながら、授業を効率的に展開するような授業づくりの視点ついて記していこうと考える。ここで紹介する手法は、立教大学異文化コミュニケーション研究科兼任講師の川嶋直が提唱するKP法と、ユニバーサル・デザイン（universal design）の視点を組み込んだ漫画資料活用法（詳細は、後述する）である。教師が知恵を振り絞って授業設計上の工夫をすることによって、子どもたちが問題解決ワークショップに取り組む時間を確保することができるということを、本章を通して実感してもらえたら幸いである。

1. KP法を用いた授業時間確保の視点

　問題解決ワークショップを用いた「特別の教科 道徳」における授業実践を展開する際に、50分（ないし45分）という授業時間内に活動が収まりきるのか、という疑問を抱く読者の方も多く存在すると推察する。現に、本授業実践の授業設計に際し、筆者が一番苦労した点は、問題解決ワークショップの活動時間をどのように確保するかということだった。グループにおける話し合いの後に、発表活動を取り入れ、言語活動による省察（リフレクション（reflection））で締めくくるような、一連の問題解決ワークショップおよび内省深化アクティビティ（activity）の時間をできるだけ多く授業時間内に確保するためには、指導者側の導入・解説の時間をできるだけコンパクトに済ませながら、子どもたちに課題の意図や作業方法などを的確に示す工夫を施すことが必要になる。

　そこで、本授業実践では、説明時間を短縮するために川嶋直（『KP法 シンプルに伝える紙芝居プレゼンテーション』みくに出版、2013（平成25）年）が提唱するKP法 [写真▶20]（p.120）を用いた解説方法を随所に取り入れるようにしている。

　KP法とは、[写真▶20]（p.120）に示したような「紙芝居プレゼンテーション（presentation）法」という手法のことをいう。授業の進め方はもちろん、解説内容や考え方などについても手書きの紙芝居によって示すのである。読者の皆さんにわかりやすい表現で説明すると、パワーポイントの「紙芝居版」である。川嶋は、パワーポイントが普及する現在こそ、このKP法の価値があがると主張している。その部分を引用すると、次のようになる。川嶋によると、「パワーポイントなどのプレゼンテーションソフトが普及するようになって、ますます『たくさん伝えたい病』が蔓延しているように感じます。この本でこれから紹介するKP法はあえて伝える情報量を少なく制限しています（略）。パワーポイントであれば、キーボードやマウスをワンクリックするその一瞬で、数百文字の情報を画面に映しだすことが

[写真▶20] KP法を用いて説明時間の短縮化を図っている様子。これによってワークショップの時間をより多く確保する

できますが、KP法は一生懸命ホワイトボード一面に紙を10数枚貼っても、3、4分かけてせいぜい200〜300文字くらいです。膨大な量の情報を見せれば、それでいいのでしょうか。本当に伝えたいこと、理解してほしいこと、そしてその先の行動に期待してあなたが言いたいことって、実はシンプルなことだったりしませんか？いや、逆に言えばシンプルなものにしないと、実はどんな方法を取ったところで伝わらないのではないでしょうか。」(川嶋直『KP法 シンプルに伝える紙芝居プレゼンテーション』みくに出版、2013年、pp.39-40) ということである。この「説明をシンプルにする」といった視点は、ユニバーサル・デザインやインクルーシブ教育[*1](inclusive education system)、特別支援教育[*2]の概念にも共通していて、指導者側の指示が明確になり、より多くの子どもたちの参加意欲の向上を促すことが期待できる。

　KP法のメリットは、構造化された説明を、スピーディかつコンパクトに打ち出すことができる点である。そして、万が一、そのスピードに追い

つくことができず、説明に乗り遅れてしまうような子どもがいたとしても、黒板に紙芝居が残っているので、指示された内容を自分の力で再確認することができるというメリットがある。子どもたちは、解説を受けている間、自らの思考を前に後ろにと容易に戻すことができ、安心して教師の説明を聞くことができるのである。これは、ワンクリックで足早に流れ去ってしまうパワーポイントを用いた解説方法と違う点である。多くの問題解決ワークショップを随所に盛り込んだ本授業実践にとって、時間を確保することは必須である。子どもたちの落ちこぼしを防ぐうえでも、KP法は極めて有効的な指導方法である。

　実際に本授業実践においても、何人かの子どもたちは問題解決ワークショップに取り組んでいる傍らで、教師側が出した指示を忘れてしまったというような場面において、黒板に示された紙芝居（活動内容や手順を明示したもの）を、何度も振り返って確認し直している様子が確認されている。指示や手立て、あるいは目標が黒板に提示されていることの安心感は、子どもたちの作業に対する集中力や効率、モチベーションを上げるうえでも優れた効果を発揮していると考えられる。今後、全国的にも広く導入されていくことが期待されているユニバーサル・デザインやインクルーシブ教育、特別支援教育の分野においても、KP法は有効的な指導法の一つであると考えられるので、「特別の教科 道徳」に限らずさまざまな分野で活用していただくことをお勧めしたい。

2. 漫画資料活用法を用いたユニバーサル・デザインの視点

　近年、話題となっているユニバーサル・デザインやインクルーシブ教育、特別支援教育の視点を大学院の研究過程において学んだ筆者は、特別な支援を必要とする子どもたちが説明から漏れることなく確実についてくることができるように、生徒の手元に漫画資料を配布したのである。同時に壁

[写真▶21] ユニバーサルデザインに基づいた解説を受ける子どもたちの様子

にも同じ資料の拡大版を掲示［写真▶21］することによって、学習内容の徹底を図ったのである。とかく、子どもたちは、手元の資料を見るように指示されると、「今、どこを扱っているのだろう？」と不安になってしまい、そうこうしているうちに見るべき場所を見失ってしまったり、それが原因で授業から逸れてしまったりして、集中力が途切れてしまうことがある。こういったことがないように、壁に資料の拡大版を掲示して、具体的に今どこを説明しているのかを見失わないように支持棒によって示しながら、解説することに努めたのである。

　ユニバーサル・デザインやインクルーシブ教育、特別支援教育の視点を取り入れたKP法や漫画資料活用法による授業づくりにより、解説のスピードアップと生徒への内容の徹底を両立させることが可能になるのである。こうした努力を教師が積極的に行うことによって、子どもたちが問題解決ワークショップにあてる時間をより多く確保できると筆者は考える。読者の皆さんの中にあるであろう、「問題解決ワークショップにあてる時間を

どのように確保するか」といった不安が、こうした視点の導入によって少しでも解消されれば幸いである。

脚注

*1　**インクルーシブ教育（inclusive education system）**……文部科学省のホームページによると、「障害者の権利に関する条約第24条によれば、『インクルーシブ教育システム』(inclusive education system、署名時仮訳：包容する教育制度) とは、人間の多様性の尊重等の強化、障害者が精神的及び身体的な能力等を可能な最大限度まで発達させ、自由な社会に効果的に参加することを可能とするとの目的の下、障害のある者と障害のない者が共に学ぶ仕組みであり、障害のある者が『general education system』（署名時仮訳：教育制度一般）から排除されないこと、自己の生活する地域において初等中等教育の機会が与えられること、個人に必要な『合理的配慮』が提供される等が必要とされている。（略）インクルーシブ教育システムにおいては、同じ場で共に学ぶことを追求するとともに、個別の教育的ニーズのある幼児児童生徒に対して、自立と社会参加を見据えて、その時点で教育的ニーズに最も的確に応える指導を提供できる、多様で柔軟な仕組みを整備することが重要である。小・中学校における通常の学級、通級による指導、特別支援学級、特別支援学校といった、連続性のある『多様な学びの場』を用意しておくことが必要である。」とされる中で、現在、日本でも整備されつつある教育システムである（文部科学省『共生社会の形成に向けたインクルーシブ教育システム構築のための特別支援教育の推進（報告）　概要』文部科学省ホームページ、2012（平成24）年、http://www.mext.go.jp/b_menu/shingi/chukyo/chukyo3/044/attach/1321668.htm）。

*2　**特別支援教育**……山口によると、「特別支援教育は、障害のある幼児児童生徒の自立や社会参加に向けた主体的な取組を支援するという視点に立ち、幼児児童生徒一人一人の教育的ニーズを把握し、その持てる力を高め、生活や学習上の困難を改善又は克服するため、適切な指導及び必要な支援を行うものである」としている。これは、「これまでの特殊教育の対象の障害だけでなく、知的な遅れのない発達障害も含めて、特別な支援を必要とする幼児児童生徒が在籍する全ての学校において実施されるもの」であるとされている（山口幸一郎「特別支援教育の歴史と理念」、安彦忠彦・児島邦宏・藤井千春・田中博之編著『よくわかる教育学原論』ミネルヴァ書房、2012年、p.155）。

本文編　参考文献・引用文献（本文出現順）

◆1　川嶋直『KP法 シンプルに伝える紙芝居プレゼンテーション』みくに出版、2013（平成25）年

脚注編　参考文献・引用文献（本文出現順）

◆2　文部科学省ホームページ『共生社会の形成に向けたインクルーシブ教育システム構築のための特別支援教育の推進（報告）　概要』文部科学省、2012（平成24）年、http://www.mext.go.jp/b_menu/shingi/chukyo/chukyo3/044/attach/1321668.htm

◆3　山口幸一郎「特別支援教育の歴史と理念」、安彦忠彦・児島邦宏・藤井千春・田中博之編著『よくわかる教育学原論』ミネルヴァ書房、2012（平成24）年、pp.154-155

第5章

子どもたちの道徳性の深まりを視覚化する「道徳セルフアセスメント・アンケート」と「自己評価シート」

本章では、問題解決ワークショップを用いた「特別の教科 道徳」における授業実践の中で、子どもたちが自らの道徳性（道徳性の三側面）の深まり具合を自己認識するために導入した自己診断・自己評価についての取り組みを紹介する。

　その流れを簡単に説明すると、まずは、子どもたちが本授業実践を受ける前に、自らの現状の道徳性について、その深まり具合を「道徳性セルフアセスメント・アンケート（self-assessment questionnaire）」を用いて確認する。次に、子どもたちが自ら、そこで得られたデータを分析する中で、本授業実践を受けるにあたって伸ばしていきたい点や、改善していきたい点などをあらかじめ認識し、学習目標を設定する。そのうえで、本小単元構成モデルが提案している問題解決ワークショップ活動などに入るのである。また、子どもたちは本授業実践を受けた後にも、自らの道徳性が授業を通してどれくらい深まったのかを「自己評価シート」を用いて確認し、自らが事前に設定した学習目標の達成状況を視覚的に確認するのである。

　「特別の教科 道徳」では、評価が導入されることになる（第2章（p.44）参照）のであるが、中央教育審議会の答申においては、教師が子どもたちの成長を記録する評価を行うだけでなく、子どもたち自身が自らの道徳性の段階を自己診断・自己評価する活動があってもよいとされている。上記のような方法によって、授業を受ける前の道徳性と授業を受けた後の道徳性とがどのように変化したのかを、子どもたち自身が自己診断・自己評価し、その結果を省察する活動を導入する視点は、かれらの学習意欲を喚起する意味においても極めて重要であると筆者は考える。この活動の展開にあたっては、筆者が師事する早稲田大学教職大学院の田中博之が提唱する「学級力向上プロジェクト」理論を参考にした。本章では、筆者が考案した「道徳性セルフアセスメント・アンケート」と「自己評価シート」を用いた「特別の教科 道徳」における自己診断・自己評価の具体的な流れとその成果を紹介し、読者の皆さんが「特別の教科 道徳」における評価活動を展開する際に活用していただけるような情報を提供していきたい。

1. セルフアセスメントを取り入れた道徳教育の必要性

　「特別の教科 道徳」では、従来型の「道徳の時間」よりも内容を充実したものにしたいものである。ここで筆者が考える「内容」とは、本書が主要なテーマにあげている問題解決ワークショップを用いた「特別の教科 道徳」における授業実践(第3章(p.51〜)を参照)のことであるが、それと同時に、子どもたち自身が自らの道徳性の深まり具合を事前に自己診断し、学習に臨む際の目標を設定して、終了後に自己評価する「道徳性セルフアセスメント・アンケート」(事前の自己診断)と「自己評価シート」(事後の自己評価)を用いた「特別の教科 道徳」における評価活動のことである。

　この考えは、筆者が師事する田中博之教授(以下、敬称略)が「学級力向上プロジェクト」において実施している「学級力アンケート」と「学級力レーダーチャート」の発想を参考にしたものである。

　論題に入る前に、田中が提唱する「学級力向上プロジェクト」が、どのような取り組みであるかについて、ここで詳しく紹介することとする。田中によると、この「学級力向上プロジェクト」は、「子どもたちが学級づくりの主人公となって、目標達成力、対話創造力、協調維持力、安心実現力、そして規律遵守力からなる学級力を高めるために、学級力アンケートで自分たちの学級の様子をセルフ・アセスメント(自己診断・自己評価)することを通して、毎日の学習や遊びの中で意図的・計画的に取り組む実践的な仲間づくりの活動である」(田中博之『学級力向上プロジェクト(小・中学校編)』金子書房、2013(平成25)年、p.1)と定義されている。まず、年度はじめの学級開きの際に、「学級力アンケート」によって学級の状態を学級全体で診断し、そのデータの分析を子どもたち自身が実施する。分析の結果、当該学級の長所や課題が見えてくるのだが、これに対する目標と打ち手を子どもたち自身が主体となって考え、年間の学級活動を通して学級をセルフマネジメント(self-management)していく活動を展開するのである。これが、「学級力向上プロジェクト」なのである。ここでいう、「子どもたちが主体」

という言葉が意味することは、一人ひとりの子どもたちが学級経営に参画することであり、その結果、当該クラスが建設的で親和的な自治集団を形成していくことである。

　田中が開発した「学級力アンケート」は、①達成力、②自律力、③対話力、④協調力、⑤安心力、⑥規律力の六つの力によって構成されていて、子どもたち同士の学級における人間関係の特性をレーダーチャート（radar chart）化して明らかにすることができるツールである。こうしたデータをもとに、子どもたちは、自分の所属する学級集団がアンケート実施時点においてどのような状態にあるかを客観的に把握（自己診断）でき、よりよい学級を形成するうえで必要とされる課題や、これからも伸ばしていきたい学級の長所などを視覚的に捉えることができるようになる。また、子どもたち自身が自らの手で仲間と協働してチャレンジする年間の学級目標（個人目標とすることもできる）を設定することも可能になるのである。かくして、子どもたちが主体的かつ意欲的に課題解決に取り組むクラス環境が整うのである。まさに、このプロジェクトは、子どもたちが自らR-PDCAサイクル（自己診断→目標設定→実行→省察→改善行動）を実践することにより、主体的で共同参画的な学級経営をめざす取り組みであるということができるのである。

　この考え方を、「特別の教科　道徳」で援用できないかと筆者は考えたのである。「学級力向上プロジェクト」における「学級力アンケート」や「学級力レーダーチャート」のような新しいタイプの評価活動を「特別の教科 道徳」に導入するといった今回のような取りくみについて、中央教育審議会道徳専門部会委員の柳沼良太も、今後、その必要性が増すということを示唆している。柳沼は、「従来の道徳授業（指導案）のねらいでは、『……の心情を育てる』あるいは『……する態度を育成する』という記述が多く、情意的側面ばかり重視してきた。こうした道徳的心情を客観的に測ることは困難であるため、道徳は評価するのは難しいとされてきた。そこで、今後は道徳授業のねらいに『道徳的思考力』、『道徳的判断力』、『道徳的行動力』の育成を積極的に取り上げ、認知的側面や行動的側面も重視して、行

動目標を客観的に評価できるようにする必要がある」(押谷由夫・柳沼良太『道徳の時代をつくる!』教育出版、2014(平成26)年、p.64)と述べている。このように「特別の教科 道徳」が今回、設置されることにより、道徳性の客観的評価に関する社会的ニーズは、今後も増していくことが予測される。したがって、筆者が本書で紹介する「道徳性セルフアセスメント・アンケート」や「自己評価シート」のような「特別の教科 道徳」における自己診断・自己評価ツールは、子どもたちが自らの道徳性の三側面(「認知的側面」「情意的側面」「行動的側面」)の深まり具合を客観的なデータをもとに認識することができるといった点において教育的効果が見込めるため、今後、普及していくであろうと考えるのである。また、子どもたちやクラスの「道徳性(の三側面)」を向上させるために、こうした自己診断・自己評価のツールを用いて、子どもたちが年間あるいは単元ごとの目標設定をしていくような「特別の教科 道徳」版R-PDCA活動があってもよいのではないかと筆者は考えるのである。

　個々の子どもやクラスの課題を明確にするために用いた本授業実践における評価と同様の視点は、中央教育審議会答申にも示されている。その部分を引用すると、「例えば、指導のねらいに即した観点による評価、学習活動における表現や態度などの観察による評価(「パフォーマンス評価」など)、学習の過程や成果などの記録の積み上げによる評価(「ポートフォリオ評価」など)のほか、児童生徒の自己評価など多種多様な方法の中から適切な方法を用いて評価を行い、課題を明確にして指導の充実を図ることが望まれる」(中央教育審議会答申、2014年、p.16)ということである(注:「パフォーマンス(performance)評価」[*1]と「ポートフォリオ(portfolio)評価」[*2]については脚注を付けた)。この中において示された「自己評価」について、筆者が提案したいのが本章で紹介している「道徳性セルフアセスメント・アンケート」と「自己評価シート」のような量的データ的な手法の評価ツールなのである(もちろん、この「自己評価」の内容には、リフレクション(reflection)や感想文などの言語活動を用いた質的データ的な手法の評価ツールも含まれているということは言うまでもない)。

　ただ、「道徳性セルフアセスメント・アンケート」と「自己評価シート」(自己診断・自己評価)の手法を「特別の教科 道徳」に導入しようとしたとき、

中央教育審議会の答申の中に示されたような、「道徳性は、極めて多様な児童生徒の人格全体に関わるものであることから、個人内の成長の過程を重視すべきであって、『特別の教科 道徳』(仮称)』について、指導要録等に示す評価として、数値などによる評価は導入するべきではない。」(中央教育審議会答申、2014年、p.16)という指摘が気がかりである。筆者が懸念することは、この中で示されている「数値などによる評価は導入するべきではない。」という文言にこれらの自己診断・自己評価の手法が抵触するのではないかといった質問が、現場の先生方から出る可能性があると推測されることである。しかし、こうした質問を受けた場合に、次のような説明によってこの疑問を解消しようと考えている。第一に、この文言は数値などによる評価を否定しているが、その中盤部に「個人内の成長の過程を重視すべきであって、」(中央教育審議会答申、2014年、p.16)という注釈がついているということである。第二は、中央教育審議会の答申に「道徳教育における評価は、指導を通じて表れる児童生徒の道徳性の変容を、指導のねらいや内容に即して把握するものである。このことを通じて、児童生徒が自らの成長を実感し、学習意欲を高め、道徳性の向上につなげていく」(中央教育審議会答申、2014年、p.15)という視点が示されていることである。両者に共通する視点は、いずれの場合も「子どもたちの成長の過程」を大切にするといったことである。筆者が提案する「道徳性セルフアセスメント・アンケート」と「自己評価シート」は、子どもたちに自らの道徳性の深まり具合を自己診断・自己評価させるR-PDCA活動であるから、教師による数値評価とは意味合いが違う。そして、この手法はあくまでも、子どもたちが「特別の教科 道徳」の授業における学習の状況を自ら認識するための評価ツールであるから、そもそも成績表や指導要録に載せるために行うことを意図したものでもない。この2点を論拠に、前述の懸念を乗り越えたいと考える。

　さて、ここで、この節の前半において解説してきた「学級力アンケート」の話題に話を戻そう。田中によると、今後、この「学級力アンケート」を発展させた「道徳力アンケート」(田中の承諾を得て、巻末に資料を掲載)も提

案されるようである。この「道徳力アンケート」は、大項目である観点項目やその下位に設定されている質問項目も多いため、子どもたちの道徳性の深まり具合をより詳細に自己診断・自己評価できるものであるいった点において、その効果が大いに期待される。ちなみに、下記に示した田中の「学級力アンケート」の項目は、学習指導要領　道徳編（2008（平成20）年）の道徳的価値項目に近いことから、「特別の教科 道徳」の時間にそのままの形で利用することも可能であるということである。

田中が開発した「学級力アンケート」に示されている観点項目とその下位に設定された質問の項目

領域1「達成力」（目標、改善、役割、団結）
領域2「自律力」（主体性、時間、運営、けじめ）
領域3「対話力」（聞く姿勢、つながり、積極性、合意力）
領域4「協調力」（支え合い、修復、感謝、協力）
領域5「安心力」（認め合い、尊重、仲間、平等）
領域6「規律力」（学習、生活、整理、校外）

2013年、田中博之「学級力向上プロジェクト（小・中学校編）」、p.5より引用
※小学校は領域②を除いた5領域（中学年は10項目、高学年は15項目）

2. 学級力あるいは学級の道徳性向上がもたらす効果

　次に、学級力あるいはクラスの道徳性が向上した場合に、どのような教育的効果が期待されるのかの視点から、まとめていきたい。
　学級経営の質と学力についての相関関係は高いといわれる。学級経営が安定している場合の多くは、子どもたちの人間関係が建設的であり親和的（建設的・親和的集団）であるとされる。お互いが個の存在や多様性を認め合

い共に支え合う中で、相互の長所を高め合い、欠点を補完し合うことが可能になる。こうした肯定的（ポジティブ（positive））な集団では、自己統制機能が働くので、たとえ一時的に授業が脱線してしまっても軌道修正することが可能なため、学級や授業のルールが崩壊することはない。お互いを尊重し合う環境下におかれているので、仲間に注意を促したとしてもわだかまり化することはほとんどない。このように、子どもたち相互の承認感が高く、規律が遵守されるクラスにおいては、学習意欲が向上し、学力も定着するのである。

　一方、学級経営が不安定な場合は、ネガティブ（negative）で暴力的な言動が横行し、他者の尊厳を無視したような行動が目立つようになり、子どもたちの精神的不安が増す。自己統制機能も効かない抑圧的な集団となり、学びの場としての学級環境が著しく悪化する。こうした抑圧的な集団においては、子どもたちの間に信頼や安心は生まれないし、担任教師も管理型の学級経営を余儀なくされるため、クラス全体が沈黙化し、あらゆる取り組みも停滞する。当然、子どもたちの間の認め合いは成立しにくくなり、個はさらにバラバラになって、支え合いや教え合いなどは存在しない無秩序なクラスに集団は化していく。よって、こうしたクラスにおいては、子どもたちが落ち着いた雰囲気の中で安心して学習しにくくなるために学力も定着しないのである。さらに、集団の秩序が乱れた学級を教師や大人が力づくで抑え込んだ場合、やがては学級崩壊に陥る危険性すら出現するようになるのである。

　後者のような事態を防ぐためにも、早期の段階で理想の学級像を子どもたちに明示する必要があり、田中が提案している「学級力アンケート」と「学級力レーダーチャート」（田中博之、2013）のようなセルフアセスメント（self-assessment）ツールが効力を発揮するのである。アンケートの結果、学級力の現状が視覚化されたレーダーチャートを子どもたちが目にすることによって、子どもたち自身が主体的かつ課題意識をもって自らの所属するクラスづくりに参画するようになることは、前述に示した通りである。

　そのような視点に加えて、「学級力向上プロジェクト」は、さまざまな

教育的効果をもたらす優れた取り組みである。例えば、「学級力プロジェクト」の情報を保護者に定期的に発信することによって、学級の課題を家庭にも共有化し、保護者の当該クラスに対する当事者意識を高め、教師と子どもと保護者が協働して学級経営にあたるといった使い方もできる。さらに、クラス全体で当該クラスの課題を共有するという「学級力向上プロジェクト」の特性を利用して、いじめの未然防止にも役立たせることができるし、この取り組みを全校に波及させていくことができるようになれば当該学校の関係者全体が共同参画するような学校経営を推進することも可能になる。

　こういった視点も、「特別の教科 道徳」に援用できないかと筆者は考える。本章が提案する「道徳性セルフアセスメント・アンケート」と「自己評価シート」を用いて、子どもたちの道徳性を高めることによって、学級力の向上をも図り、学習と生活の安定を図っていくことができれば、「特別の教科 道徳」を要にして学校全体の活性化も図ることができると考える。

　このプロジェクトを開発した田中博之は著書の中で、「上から力で押さえつける指導でもなく、子どもとのトラブルや衝突を避けて卒業を待つだけの放任主義でもなく、子どもの自己成長や助け合いの意思を意図的に刺激し、教師と子どもたちが協力し合ってよりよい学級をつくるための新しい学級経営の手法を生み出すことが、今こそ必要である」（田中博之、2013、p.3）と述べているが、まさにこの指摘は現場における昨今の教育課題を言いあてていると筆者は捉えている。これからは、「特別の教科 道徳」の授業実践の中でも、学級経営の視点を導入して、子どもたちが自らの力で思考・判断して、試行錯誤しながら、よりよい行動を選択していくことができるような実践力のある人材を育成するよう心掛けていきたいものである。そのためにも、学校は、子どもたちに道徳的価値の本質的な気づきを促していけるように、道徳教育の機会をより多く用意し、子どもたち自身が自らの学びや生活を主体的にマネジメント（management）する力を身につけていけるような教育活動を、「特別の教科 道徳」を要にしながら、学校の教育活動全体を通して実践していく必要があると感じている。学級力向上プロジェクトの理念について、田中博之が著書の中で、「学級力向上プロ

ジェクトで子どもたちが身につけるべき『学級道徳』の価値と必要性について、自らの成功や失敗の体験を出し合いながら、実感をもって気づくことができるような道徳ワークショップが必要である」(田中博之、『学級力向上プロジェクト2　実践事例集(小・中・高校編)』金子書房、2014年、p.8)と述べているように、道徳にも学級力向上プロジェクトのような生徒が主体的に課題解決を図る取り組みが必要といえるのである。

3. 「道徳性セルフアセスメント・アンケート」、「自己評価シート」への期待

　ところで、筆者が本章で紹介する「道徳性セルフアセスメント・アンケート」は、勤務校における本授業実践に時間的な制限があったために、短時間に自己診断・自己評価が行えるような簡易的なものである。年間を通じた長期の授業計画の中で、意図的・計画的に「特別の教科 道徳」を実践できるような環境が整っているのであれば、より詳細な項目を用意している田中考案の「道徳力アンケート」(田中の承諾を得て巻末資料に掲載)を導入した方が、今まで述べてきたような自己診断・自己評価のねらいを達成することが可能であると考える。

　今後、田中から考案される「道徳力アンケート」や、筆者考案の「道徳性セルフアセスメント・アンケート」「自己評価シート」などの自己診断・自己評価ツールを「特別の教科 道徳」の年間計画に組み込みながら、子どもたちに自分たちの道徳性の深まり具合いを経過観察させたり、細やかなR-PDCA活動を行わせたりするなどして個々の道徳性を高めつつ、「学級道徳」をも相乗的に高めるような授業づくりをしていくことも重要な視点になるだろう。

　ところで、田中の「学級力向上プロジェクト」では、子どもたちに学級経営の視点でセルフマネジメントさせる取りくみを推奨している。その具

体的な取りくみが、以下に示した(1)〜(5)の施策である(その特徴については以下に整理したので参照願いたい)。筆者は、同様の取りくみを道徳性の向上プロジェクトとして援用したいと考えている。

> **補足　学級力向上プロジェクトの具体的な取りくみとその特徴**
> 田中博之『学級力向上プロジェクト(小・中学校編)』金子書房、2013年より、要点を筆者が整理

(1)「学級力アンケート」と「学級力レーダーチャート」

　学級開きの際にアンケート(小学校は中学年が5領域10項目、高学年が5領域15項目、中学校は6領域24項目)をとり、その結果をレーダーチャート化して学級の状態を視覚化する。子どもたちは、レーダーチャートから学級の長所や改善点をセルフ・アセスメント(自己診断・自己評価)し、自らの手で仲間とかかわり合いながら学級目標を設定し、実行→省察→改善行動というR-PDCAサイクルによる学級経営を実践する。課題の重点化ができ、達成したときの喜びも大きいため、その効果が期待できる。

(2)「スマイルタイム」

　学級の状態を示した学級力レーダーチャートによる診断に基づき、今後の学級力向上に向けたアイディアを出し合い、課題の把握と原因の追究、目標の共有化を図る。成果が上がった場合には、相互に褒めあったり、祝いあったりする。クラスでは自分の意見をあまり表に出さないサイレント・マジョリティ((silent majority)静かな多数派のこと)の子どもたちの参加意欲を高揚させることによって、そういった子どもたちを学級経営に共同参画させる効果をねらうのである。「スマイルタイム」の進行にあたっては、子どもたちの期待や意欲を喚起するように努め、問題行動について名指しで批判したり、罰で戒めたりするような方法は採らない。教師主導にならないよう子どもたちに役割をふるなどの工夫を施し、重点課題についてはじっくり話し合えるような環境を整える。話し合いにはカルタ(イメージマップやウェビング)などの表現ツールを用意して、よりよい学級づくりのア

イディアを出させていく（本書が勧める問題解決ワークショップを学級づくりに役立ててもよいであろう）。

(3)「スマイル・アクション」

子どもたちが理想の学級を形成していくために、自らの手で仲間と考え出した取り組みや解決策を実践したり、行動したりすること。教師は、子どもたちの実践力や行動力が身につくように支援をする。

(4)「スマイル・ミーティング」

校内の教師が、自分の受け持っているクラスの「学級力レーダーチャート」を持ち寄って、学級力向上をめざした意見交換を行い、共に高め合うための会議。学級力向上プロジェクトが、クラスの枠を超えて学校全体の取り組みに拡大していくことが可能になる。

(5)「教師用学級経営自己評価アンケート」

教師が自らの学級経営を自己診断し、学級力向上に向けた意識の形成と力量の向上をめざすことを目的に、随時行う。

4. 本実践の「道徳性セルフアセスメント・アンケート」と「自己評価シート」を通して見えてきた子どもたちの意識変容

本授業実践を行うにあたり、その効果を測るためには、道徳性の三側面（道徳性の認知的側面、情意的側面、行動的側面）に則した「道徳性セルフアセスメント・アンケート」[資料▶5]（p.137）ならびに「自己評価シート」[資料▶6]（p.138）を開発し、事前と事後で道徳性がどのように変容したのかを分析することが大切であると筆者は考えている。

「道徳性セルフアセスメント・アンケート」と「自己評価シート」は、子どもたちの事前と事後の道徳性の意識変容を比較し、レーダーチャート

道徳性セルフアセスメント・アンケート

※これは、日ごろのあなたの行動のパターンを把握するためのアンケートです。評価をするための資料ではありませんので、ありのままの日ごろの傾向について回答をしてください。

> 道徳性の認知的側面（思考・判断）

Q1 日ごろから、身の回りに起こりうる課題を解決するとき、過去の教訓や反省を参考にしようとしている。
（ 1.当てはまる ・ 2.まあまあ当てはまる ・3.ほとんど当てはまらない ・4.当てはまらない ）

Q2 日ごろから、色々な問題解決方法の長所と短所を考え、よりよい解決方法を選ぼうとしている。
（ 1.当てはまる ・ 2.まあまあ当てはまる ・3.ほとんど当てはまらない ・4.当てはまらない ）

> 道徳性の情意的側面（心情・態度）

Q3 日ごろから、さまざまな人の立場に立って行動しようとしている。
（ 1.当てはまる ・ 2.まあまあ当てはまる ・3.ほとんど当てはまらない ・4.当てはまらない ）

Q4 日ごろから、他者や社会をいたわろうという考え方をもって行動しようとしている。
（ 1.当てはまる ・ 2.まあまあ当てはまる ・3.ほとんど当てはまらない ・4.当てはまらない ）

> 道徳性の行動的側面（行動力・習慣）

Q5 日ごろから、実生活の課題に対してさまざまな角度（アプローチ）から解決しようとしている。
（ 1.当てはまる ・ 2.まあまあ当てはまる ・3.ほとんど当てはまらない ・4.当てはまらない ）

Q6 日ごろから、よりよい方法を考えて行動しようとしている。
（ 1.当てはまる ・ 2.まあまあ当てはまる ・3.ほとんど当てはまらない ・4.当てはまらない ）

(1)	(2)	(3)	(4)	(5)	(6)

1年　　　組　　　番　氏名：

［資料▶5］授業実践前に行う「道徳性セルフアセスメント・アンケート」

自己評価シート (注)これは、この単元全体の目標にもなります。

今回の授業を受けて、自分自身にどんな成長や気づきがあったかを自己評価してみましょう。

> 道徳性の認知的側面(思考・判断)

Q1 身の回りに起こりうる課題を解決するヒントを、歴史的教訓や反省から学び取ることができた。
(1.当てはまる ・ 2.まあまあ当てはまる ・3.ほとんど当てはまらない ・4.当てはまらない)

Q2 色々な問題解決方法の長所と短所を、さまざまな角度(アプローチ)から考えることができた。
(1.当てはまる ・ 2.まあまあ当てはまる ・3.ほとんど当てはまらない ・4.当てはまらない)

> 道徳性の情意的側面(心情・態度)

Q3 さまざまな人の立場に立って、相手の気持ちを理解することができた。
(1.当てはまる ・ 2.まあまあ当てはまる ・3.ほとんど当てはまらない ・4.当てはまらない)

Q4 他者や社会をいたわることの大切さを理解することができた。
(1.当てはまる ・ 2.まあまあ当てはまる ・3.ほとんど当てはまらない ・4.当てはまらない)

> 道徳性の行動的側面(行動力・習慣)

Q5 実生活の課題に対して、さまざまな角度(アプローチ)から解決方法を考えることができた。
(1.当てはまる ・ 2.まあまあ当てはまる ・3.ほとんど当てはまらない ・4.当てはまらない)

Q6 今後、問題解決をする際に、よりよい方法を考えていきたいと思った。
(1.当てはまる ・ 2.まあまあ当てはまる ・3.ほとんど当てはまらない ・4.当てはまらない)

(1)	(2)	(3)	(4)	(5)	(6)

1年   組   番 氏名:

[資料▶6] 授業実践後に行う「自己評価シート」

でその差を視覚化できるように、各項目が対になるように質問設定されている。前者の場合は、質問の語尾を「日ごろから〜しようとしている」とし、日常の心がけを問う内容にしている。後者の場合は、質問の語尾を「〜を学び取ることができた」とし、子どもたちが本授業実践を通して、事前の「道徳性セルフアセスメント・アンケート」にあげられた道徳性をどれだけ高めることができたかを問う内容にしている。

なお、この「道徳性セルフアセスメント・アンケート」と「自己評価シート」は、時間的制限を受けていた現任校における授業実践の中でとることを想定して開発したものである（早稲田大学教職大学院在学期間中に4日間の期限で授業を行ったために時間的制限があった）。そのため、授業時間を圧迫しないように時間的配慮をした。それゆえに、今回は道徳性の各側面につき二つずつの質問に限定してアンケート項目を設定したのである。しかし、授業外の学活の時間などを用いて、この「道徳性セルフアセスメント・アンケート」を計画的にとることができるような時間的ゆとりがある場合は、道徳性の各側面につき五つぐらいの質問を設定してみると、さらに精度の高いデータがとれると考えられる。

それではここで、子どもたちが回答した「道徳性セルフアセスメント・アンケート」と「自己評価シート」の量的データに基づき、いくつかの視点について考察していきたい。

まずは、各項目の事前と事後の量的データの変化について考察する。この量的データをグラフに示してみると、[図▶4] [図▶5] (p.140) のようになる（データは、相模女子大学中学部1年生3クラス90人を対象としている）。

このデータを考察すると、例えば（今までは）「物事の長短を分析していなかった」とか「公共性への配慮をしてこなかった」というような否定的な回答項目が本授業実践を受講することによって減少し、「物事の長短を分析できた」とか「公共性への配慮の大切さを理解できた」というような肯定的な回答項目が増加していることが分析できる。特に、[表▶10] (p.140) を見ると、質問のQ2とQ5について有意な上昇がみられる。この背景には、

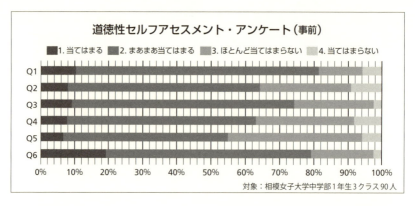

[図▶4] 道徳性セルフアセスメント・アンケート（self-assessment questionnaire）（事前）の結果

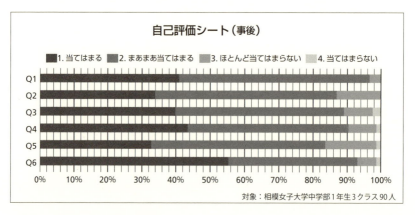

[図▶5] 自己評価シート（事後）の結果

道徳性に関する事前と事後のデータを比較すると、子どもたちが本小単元構成モデルに基づく授業実践を受講した結果、肯定的な意見が増加しているということが理解できる。

[表▶10] 質問項目の要旨と肯定的回答の増減（具体的なアンケート項目は、p.137〜138参照）

道徳性の側面	質問項目の要旨	肯定的回答の増減
認知的側面	Q1 過去の教訓の活用	15% ↗
	Q2 事象の長短の判断	23% ↗
情意的側面	Q3 他者の心情理解	15% ↗
	Q4 社会など公共への配慮理解	27% ↗
行動的側面	Q5 多角的な解決方法を導く意欲	28% ↗
	Q6 よりよい解決方法を選択する意欲	14% ↗

本小単元構成モデルに設定されたさまざまな問題解決ワークショップを通して、子どもたちの道徳性の認知的側面が高まった結果、「問題解決にあたっては多面的・多角的な視点から総合的に判断する力が必要である」ということを、子どもたちが学ぶことができたことがあるのではないかと推測する。そして、道徳性の認知的側面や情意的側面の高まりが子どもたちの内面に積み重なっていくことによって、今後の実生活においても道徳的実践を実行してみたいという行動的側面（実践意欲）が高まったのではないかと推察する。

　また、この授業実践を受けたことによって、[表▶10]（p.140）の質問のQ4に示した「社会など公共への配慮理解」という項目を、肯定的に捉えることができるようになった子どもが増加したことも注目に値する。これは、子どもたちが本授業実践を通じて非暴力的な解決方法を選ぶことの重要性を学び、差別が原因になって生み出されるさまざまな問題を、「解決すべき人類共通の課題として認識した」ということに起因していると思われる。そして、ガンディやキング牧師などの先人たちが、「白人をも傷つけない方法で問題解決をしようとして非暴力を貫いた」（生徒コメントより）という文脈を読み取ることができた子どもが、かれらの中に存在していたということも成功の鍵だったのではないかと筆者は考える。つまり、3時間目の深化部Ⅱ（ガンディの知恵さがし）が、2時間目の深化部Ⅰ（暴力的解決方法と非暴力的解決方法のメリット・デメリット分析）と連動して、子どもたちの自己中心的な思考を抑制し、公共性に配慮した社会的思考を芽生えさせる域にまで発展させることができるようになったと推測されるのである。

　実は、「道徳性セルフアセスメント・アンケート」と「自己評価シート」によって道徳性の深まり具合を測る本アンケートの結果が、このようなよい結果になるであろうということは、データの分析に入る前から、筆者にはある程度予測ができていた。その兆候は、4時間目の「実生活ブレイクダウン」（統合部）の活動中に雰囲気として表れていたのである。この点については後ほど詳しく説明するが、簡単にいえば、この活動に子どもたちが意欲的に参加していたということである。このとき、筆者は今までにない躍動感を感じたのを覚えている。

一方、今回の単元実践で質問項目Q1、Q3、Q6の項目の伸び率が他の項目に比べてさほど高くなかった理由については、もともと「道徳性セルフアセスメント・アンケート」による事前の調査段階から、この部分の数値が高かったこともその原因にあると筆者は考えている［図▶4］［図▶5］（p.140参照）。もしかしたら、子どもたちの元来の素地にQ1、Q3、Q6の視点が身についていて、これらの項目について肯定的な捉え方をする者の割合がもともと高かったからこそ、今までに備わっていなかったQ2、Q4、Q5の視点が素直に受け入れられたのではないだろうか。このように考察すると、従来からの道徳教育において伝統的に行われてきた道徳的心情理解（道徳性の情意的側面）を促す教育活動は、道徳性の認知的側面や行動的側面を高めるうえでの素地となる必要条件的な存在なのではないかということも考えることができるのである。

　ところで、授業実践前に行った「道徳性セルフアセスメント・アンケート」による子どもたちの道徳性の深まり具合いは、授業後の自己評価においてどのように変化したのであろうか。ここで、次に示した［図▶6］（p.143）のレーダーチャートを参照してもらいたい。このデータから、三つの観点、すなわち道徳性の三側面（認知的側面・情意的側面・行動的側面）に関する意識の指数が、3クラスともにおおむねバランスよく伸びたことが読み取れる。この成功要因については、第3章4-③の［表▶9］（p.109）に子どもたちが示した「本授業実践の感想（良かったと感じる点など）」を掲載しているので参照してほしい。これとは別の視点で成功要因をあげると、授業実践の開始前に事前アンケートのレーダーチャートを子どもたちに見せて、「レーダーチャートの形が小さいところ（そのクラスの改善点）を克服して、できるだけ大きなレーダーチャートの形にしていこう」と呼びかけてから学習活動に入ったことが大きく影響していると考えられる。この呼びかけが子どもたちの内面に、「この授業を通して学級全体で何とか学級の道徳力を向上させたい」という意欲を前もって形成させていたために、子どもたちがモチベーションを高くして本授業実践に臨むことができたのではないかと考えるのである。

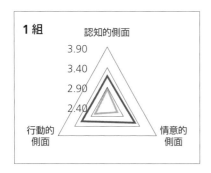
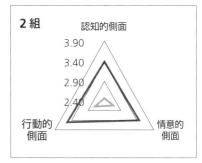
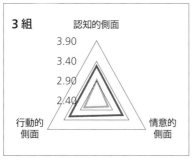
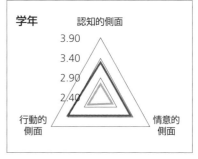

[図▶6] 事前と事後の子どもたちの道徳性の変容を示すレーダーチャート (radar chart)

　ここで、道徳性の深まり具合いを示したクラスごとのレーダーチャート[図▶6]を見ていくこととしよう。クラスごとの結果を分析すると、特に2組の伸びが極めて高い。この結果については、本授業実践の授業者である筆者自身も、授業を行う中で「2組が高い伸びを示すのではないか」と直感的に実感していた。筆者がそう感じた根拠は、2組の場合、問題解決ワークショップを用いた「特別の教科 道徳」における授業実践を、他のクラス以上に学級全体で楽しみながら、建設的・親和的な学習環境の中で真摯に行えていたというところにある。2組の授業は、子どもたちの主体的な思考や判断、授業への参加意欲、仲間との協力度合いなどのすべてが高度であり、活気に満ちあふれた雰囲気で学習活動を行えていたのである。その2組においてこのような大きな効果が出たことに、筆者も驚きを隠せない。現に2組が質的アンケートで答えた「仲間との問題解決学習」に対

する好感度はクラスの52.0%であり、学年全体の41.8%よりも10%も高い数値を示している。こうした実践事例からも、問題解決ワークショップを用いた「特別の教科 道徳」における授業実践が、子どもたちの道徳性を深化するうえでかれらに与える有用性が極めて高いということを、読者の皆さんにも理解してもらうことができたのではないかと考えている。

❖ データから読み取れるもの

　事前の「道徳性セルフアセスメント・アンケート」からは、次のような傾向を読み取ることができる。1組は道徳性の情意的側面がやや弱い傾向である。2組は道徳性の三側面が他のクラスに比べ全体的に弱いが、その中でも道徳性の認知的側面が弱い傾向である。3組は学年平均に比べ、道徳性の三側面のどの部分も若干高い傾向だが、道徳性の情意的側面と行動的側面はさらに強化したい部分である。学年としてはバランスが良いが、レーダーチャートの形が小さいので、本授業実践によって全体的に道徳性を高めるように心がけたい。以上のようなクラスごとの分析を念頭において、筆者は本授業実践を行ったのである。

　事後の「自己評価シート」からは、問題解決ワークショップを用いた本授業実践によって、どのクラスも道徳性の三側面がともに強化されたということが理解できる。この成功要因として考えられることは、本授業実践に取り入れたさまざまな問題解決ワークショップが、子どもたちの道徳性を三側面から高めたということであり、それは［図▶4］［図▶5］［表▶10］（p.140）を見ても明らかである。

　以上に述べてきた通り、「道徳性セルフアセスメント・アンケート」を事前に行うことによって、子どもたちの実践開始前の道徳性を自己診断することが可能になる。レーダーチャートに自らのクラスの道徳性の現状（その長所と課題）が視覚化され、実態が明確になれば、子どもたちも何とかして自分（あるいは自分たちのクラス）の課題を克服し、長所を伸ばして、レーダーチャートを大きくしていきたいと考えるものである。

　「特別の教科 道徳」で評価を行う場合、大切なのは、子どもたちによる自己評価について、「人を数値で判断するような評価」という捉え方をす

るのではなく、「達成すべき目標に授業を導くための形成的評価」と捉えることである。そうすることによって、読者の皆さんも「特別の教科 道徳」に評価を導入することに対して躊躇することもなくなるのではないだろうか。このような問題提起をして、「道徳性セルフアセスメント・アンケート」や「自己評価シート」といった自己診断・自己評価の概念を用いた「特別の教科 道徳」における授業実践の一つのあり方をまとめた本章を締めくくることにしたい。

脚注

*1　パフォーマンス（performance）評価……西岡によると、「知識や技能を活用して、何らかの作品を生み出したり実演を行ったりすることを求める評価」をさす。「幅広い学力を評価するには、さまざまな評価方法を組み合わせて用いることが重要」で、「特に、思考力・判断力・表現力といった高次の学力を保障する」ために有益な評価方法であるとされる（西岡加名恵「学習の評価・評定とその方法」、安彦忠彦・児島邦宏・藤井千春・田中博之編著『よくわかる教育学原論』ミネルヴァ書房、2012（平成24）年、p.125）。

*2　ポートフォリオ（portfolio）評価……三省堂の辞書サイトによると、「もともとは『紙ばさみ』のことです。画家や写真家が自分の作品を持ち歩くとき紙ばさみに入れたことから『個人の画集や作品集』を表すようになり、さらにモデルが『自分のセールスポイントや仕事の経歴を示すような写真や切り抜きなど纏（まと）めたもの』をいうようになり、プレゼンテーション流行りの今日では前述のように『自分をアピールするための経歴資料』といったものまでさす」ということである。ポートフォリオ評価というと、評価の対象となる期間中に被評価者が制作した成果物を蓄積したものを評価者が評価することを意味している（三省堂の辞書サイト「10分でわかる『ポートフォリオ』の意味と使い方」『三省堂ワードワイズ・ウェブ』、http://dictionary.sanseido-publ.co.jp/topic/10minnw/039portfolio.html）。

本文編　参考文献・引用文献（本文出現順）

◆1　田中博之「第1章 学級力向上プロジェクトのねらいと特徴」、田中博之編著『学級力向上プロジェクト -「こんなクラスにしたい！」を子どもが実現する方法 -（小・中学校編）』金子書房、2013（平成25）年、pp.1-22
◆2　柳沼良太「4評価を設計する」、押谷由夫・柳沼良太編著『道徳の時代をつくる！-道徳教科化への始動-』教育出版、2014（平成26）年、pp.62-69
◆3　中央教育審議会『道徳に係る教育課程の改善等について（答申）』、2014（平成26）年
◆4　田中博之「第1章　自分たちの学級は、自分たちで創る」、田中博之編著『学級力向上プロジェクト2　実践事例集（小・中・高校編）』金子書房、2014（平成26）年、pp.1-10

脚注編　参考文献・引用文献（本文出現順）

◆5　西岡加名恵「学習の評価・評定とその方法」、安彦忠彦・児島邦宏・藤井千春・田中博之編著『よくわかる教育学原論』ミネルヴァ書房、2012（平成24）年、pp.124-125
◆6　三省堂の辞書サイト「10分でわかる『ポートフォリオ』の意味と使い方」『三省堂ワードワイズ・ウェブ』、http://dictionary.sanseido-publ.co.jp/topic/10minnw/039portfolio.html

第6章

道徳性の内面的統合を図り、道徳的実践を促す「道徳はがき新聞」の取り組み

本書が紹介している問題解決ワークショップを用いた「特別の教科 道徳」における授業実践では、小単元構成モデルの最終課題（4時間目統合部の課題）に「道徳はがき新聞」制作を設定している。この「道徳はがき新聞」制作の活動は、一連の学習活動を終えた子どもたちが道徳的価値に対する思いや決意、新たな目標などをはがきに記す内省深化アクティビティの取り組みの一つである。この活動によって、子どもたちは、学習で身につけた道徳性を、自己の内面により深く統合することができるようになる。本章では、公益財団法人　理想教育財団が推奨する「はがき新聞」の理論を紹介するとともに、本授業実践を通して子どもたちが制作した作品を紹介する（なお、この「はがき新聞」の紹介については、公益財団法人「理想教育財団」専務理事の酒井純司様から快諾をいただいたので、この場をお借りしてお礼を申し上げたい）。

1. 「はがき新聞」の活用

　「はがき新聞」とは、その名の通り、はがきサイズの新聞である。教科学習や特別活動、あるいは総合的な学習などの授業を通して学んだ内容を内省的に振り返る目的でこの活動を行う。つまり、学習内容のリフレクション（reflection）的な役割をもった言語活動である。本授業実践においても、単元全体の総仕上げに内省深化アクティビティ（activity）の一環として、この「はがき新聞」による言語活動・表現活動を導入している。

　実践内容の紹介に入る前に、まずは「道徳はがき新聞」が果たす意義や役割などを要約し、その教育的効果を紹介していきたい。そのうえで、子どもたちが授業を通して深めた道徳性を自己の内面に深く刻み、道徳的な実践力に高めていくといった「道徳はがき新聞」の実践を、読者の皆さんにお勧めしていきたい。

　さて、公益財団法人　理想教育財団がまとめた冊子『はがき新聞を使った授業づくり』(pp.2-3)には、「はがき新聞」がもつ三つの要素が次のように示されているので、筆者の所見を交えて整理する。

はがき新聞の三要素

①「手紙」である　　　この文章を届ける相手がいるということで、双方向性が増すということである。書き上げた「はがき新聞」は、切手を貼れば友だちだけでなく、保護者や祖父母、時に自分自身に宛てて出状することが可能である。筆者はこうした用途に加え、次のような特徴も見い出している。「はがき新聞」を授業で活用する場合、通常のコミュニケーションツールとしての役割だけでなく、学習内容を振り返る役割（リフレクション

的な役割)や、学習内容の深化・統合的な役割をもつことも期待できる。

②「はがき」である　　タテ14.8cm×ヨコ10cmのコンパクトなはがきサイズの新聞である。そのため、気軽に楽しめ、短時間で書き上げることができる。色鉛筆やカラーペンを使えば、多彩な配色を施すことができ、視覚的にも美しく仕上げることができるといった楽しみがある。この点が、レポートなどとは違った効能である。
　　はがきといってもあなどれないのが、案外とたくさんの情報量をもりこめるということである。5mm方眼の用紙の場合、何と原稿用紙1枚分(約400文字)の文字が書けるというのが驚きである。とかく、子どもたちはレポート用紙を渡されると、課題意識が強くなり苦手意識をもつものであるが、「はがき新聞」というスタイルであれば、子どもたちも楽しんで書き上げることができるではないかと筆者は考える。

③「新聞」である　　「はがき新聞」の表現方法は、「新聞」形式である。したがって、内容構成は小見出し＋本文＋カットの三つになる。小見出しは、本文全体の内容を一目で見て判断できる必要があるので、的確なキャッチコピーを考えなければならない。また、「新聞」形式であるから、本文の内容も、単なる事実描写や取得した情報の羅列に終始するのではなく、自らの意見も織り交ぜて内容構成する必要がある。
　　また、紙面のスペースが限られているので、

> 子どもたちは書きたい内容を厳選する必要があり、自分の主張をコンパクトに要約してまとめるといった文章構成力も問われるのである。そういった意味で、この活動を通して、子どもたちの思考力・判断力・表現力および言語能力・文章構成力・表現力等が磨かれるという効果が見込める。
>
> 公益財団法人　理想教育財団がまとめた冊子『はがき新聞を使った授業づくり』(pp.2-3) を筆者が整理

　以上の三要素に加え、公益財団法人　理想教育財団は、「はがき新聞」がOECD（経済協力開発機構）のPISA型学力観にも見合っているということを主張している。最近まで、日本の子どもたちの学力の特徴が、記述式問題に弱いと指摘されたことは、読者の皆さんもご承知の通りであろう。PISA型読解力テスト[*1]における記述式問題は、「現実社会の問題について、短時間に、限られた字数で、自分の考えを、根拠を明らかにして、相手にわかるように書く」（公益財団法人　理想教育財団、『はがき新聞を使った授業づくり』、2012（平成24）年、p.4）ことを求めていて、「はがき新聞」はこうした思考力、判断力、表現力に代表されるPISA型学力を子どもたちに身につけさせるときに、すべての条件を満たした優れた学習ツールである。

　教科、特別活動、総合的な学習の時間、ならびに「特別の教科 道徳」の時間を活用して、年間活動に「はがき新聞」を組み込んでいくことができれば、子どもたちのPISA型学力は着実に定着していくものと考えられる。しかも、「楽しみながら取り組めるという特典つき」である。

　理想教育財団の冊子にも、「はがき新聞」の効果が、「書き上げた充実感、出す楽しさ、もらう喜び、待つときめき」（公益財団法人　理想教育財団、2012、p.2）を備えていると記されている通り、本小単元構成モデルに基づく授業実践においても、「道徳はがき新聞」制作の活動にはワクワク感があったと感じている。その証拠にプリントアウトされたはがきが子どもたちの手元に届くまで、関係者全員が作品の仕上がりを心待ちにしていたのである。

かくいう筆者自身も、加工された「道徳はがき新聞」を手にしたときは感動したので、そうした気持ちはよく理解できる。「はがき新聞」の取り組みは、子どもたちに十分な内省・熟考活動を促しつつも、楽しさを伴う、しっかりとした取り組みなのである。

　ぜひとも、本書が提案する問題解決ワークショップを用いた「特別の教科 道徳」における授業実践の中で、読者の皆さんにも「道徳はがき新聞」を展開してもらいたいと考える。

2. 「道徳はがき新聞」制作の具体的指導方法

　理想教育財団は、「はがき新聞」を作成するうえで必要なこととして、「①テキストの中の『情報の取り出し』、②書かれた情報から推論してテキストの意味を理解する『情報の解釈』、③書かれた情報を自らの知識や経験に関連付ける『熟考・評価』です。いわゆる『クリティカル・リーディング』(批判的な読み)が重視されています。しかも、それで終わりではありません。④これらを通して得られた自分の考えを、論拠を持って説得できるように『文章で表現』すること。つまり、『読解』は『表現』されて初めて完結する」(公益財団法人　理想教育財団、2012、pp.6-7) という PISA 型作文力に求められる視点をあげている。

　したがって、「道徳はがき新聞」の指導に際しては、まずは書き方の「型」(指示書)や手引書を事前に子どもたちに渡し、前述①〜④のような制作上の注意事項や評価の観点を徹底したうえで、ねらいを定めて着実に取り組ませる必要がある。筆者が、本書で紹介している問題解決ワークショップを用いた「特別の教科 道徳」における授業実践では、一連の学習活動の省察(リフレクション)をめざして、最終回に「道徳はがき新聞」の制作活動を行っている。今回は、本授業実践で取り上げた登場人物(ローザ・パークス、キング牧師、ガンディなど)に宛てて、「道徳はがき新聞」を作ろうとい

アクティビティ⑤　ローザ、キング、ガンディの中から1人を選び、その人物にお手紙を書きます。
書く内容は「社会を変える勇気について
～私の決意～」です。

[書くときの注意事項]
①まず、**今回の学習で学んだこと**を書き、選んだ宛先の人物に伝えましょう。
　（例）　私は、今回の学習で～なことを学びました。
②次に、自分が**「社会を変えるために」どんな決意をもったか**を書き、選んだ宛先の人物に伝えましょう。
　（例）　私は、～のために、・・・な努力をしたいと思います。
③色はたくさん使って、**カラフル**にしましょう。
　絵やイラストを入れると、よりよい手紙になります。
　※宛先の人物が喜ぶ姿を想像しながら、まとめましょう。
④はがきは<u>廊下に展示</u>します。みんなで考えを共有しましょう。

[資料▶7]「道徳はがき新聞」制作の指示書 (筆者作成による)

う課題を設定した。この制作活動にあたり、筆者が子どもたちに与えた「道徳はがき新聞」制作の指示書を[資料▶7]に示したので参照願いたい。

具体的に、この指示書を通して子どもたちに示したことは、①今回の問題解決ワークショップを用いた「特別の教科 道徳」における授業実践を通して、自分たちが何を学んだのかという視点（学習内容のリフレクション）、②今後の人生でどのように活かしていきたいと思うかという視点（学習後

に生じた自らの決意)、③配色や魅力あるキャッチコピー(catch copy)の創出など表現方法を工夫しようという視点、以上の三つの視点をおさえるということである。これらの視点を「道徳はがき新聞」制作の核にして、子どもたちが自分なりのオリジナリティあふれる作品を作ることができるように制作を促したのである。これと合わせて、公益財団法人　理想教育財団がその冊子の中に示した「はがき新聞」書き方の手引書[資料▶8](p.155)(公益財団法人　理想教育財団、2012、p.13)を子どもたちに添えて示すことで、より完成度の高い「道徳はがき新聞」の完成をめざして作品づくりに着手させたのである。

3. 道徳性の行動的側面が身につく「道徳はがき新聞」

　それでは、実際に子どもたちが制作した「道徳はがき新聞」を紹介していきたい。
　ここに示した作品は、筆者の実習校である神奈川県公立学校A校の生徒の作品である。授業を担当してくださったのは、筆者が開発した本授業実践に共感を示し、筆者が勤務校で行った授業実践とほぼ同じ内容の授業を実践してくださったM教諭である。筆者の勤務校(相模女子大学中学部・高等部)における実践については、早稲田大学教職大学院在学期間中に4日間の期限で授業を行ったものであったため、時間的制約を受けていて、「道徳はがき新聞」の課題を子どもたちに課すまでには至らなかった。A校の授業実践において使用した資料や教材などは、筆者が勤務校で実践したものと同じものを使用していただいたので、ここではA校の子どもたちの作品をもとにして、読者の皆さんにイメージを膨らませていただくというような形で話を進めていくことにする。なお、ここでM先生ならびにA校の先生方や生徒たちの熱心なご協力に厚く感謝申し上げたい。

「はがき新聞」を作成しましょう

題字は太くはっきりと
背景にうすく色や絵を

見本レイアウト

```
○○○○○○○○○     新
┌─────────┐   聞
│ トップ記事      │   名
│ 最も伝えたいことを記事にする。│
│ 大見出しを付ける。  │
├─────────┤
│ セカンド記事     │
│ イラストに合った見出しを付ける。│
│ 印象に残ったことに関する写真や絵│
│ 絵解き(短い説明)を付ける。 │
├─────────┤
│ サード記事      │
│ トップ記事より小さな見出しを付ける。│
│ 縦書きだけでなく横書きにしても │
│ 紙面にメリハリが出る。    │
│ 横書きのときは、マス目を無視して書くと│
│ 記事を読みやすい。     │
└─────────┘
   ┌────────┐
   │ 発行者    │
   │ ○○立○○学校 │
   │ 1年○組○番  │
   │  ○○○○   │
   │   月 日   │
   └────────┘
```

❶ 記事を決める
・最も印象に残った活動、伝えたいことを記事とする。
・強く印象に残っている事柄の中から、新聞に載せたい絵や写真を決める。
・だれに、どんなことを知らせたいのかよく考える。

❷ わくをつくる
・はがきの一番外に力強く、太く、はっきりとした色で引く。
・色鮮やかに、明るく、力強く。色鉛筆が光るほど色を塗る。
・蛍光ペンは色があせるのでさける。

❸ 記事の数だけ区切る。見本は三つとしている
・線で区切ってもよいし、カット(絵)を利用して区切ってもよい。
・囲み欄を作ると紙面に変化ができる(応用)。

❹ 題字(新聞名)を書く
・わかりやすく、短く(4文字程度が目安)。
・文字は太めに、飾り文字で工夫する。
・発行者(学年、組、名前)、発行日を書く。

❺ 見出しを書く
・トップ記事に一番伝えたいこと、一番言いたいことを書く。

❻ カット、写真の場所を決める
・一つの記事はイラストや写真を中心の記事としてもよい。
・カットやイラストのレイアウトははじめから決めておく。

❼ 記事を書く
・書く内容を決める。誰にどんなことを知らせたいのか。
・どこにどの記事を入れるかを決める。
・文は、いつ、どこで、何が、どうして、どうなったか(5W1H)ができるだけ伝わるように書く(短いので書けないものもある)。
・一番伝えたいことを決めて記事にする。
・楽しい気持ち、うれしい気持ちなどをおしゃべりするように書く(児童)。

❽ 色付けの工夫をする
・題字、見出しははっきり大きく。
・色付けの道具は自由。ただし、蛍光ペンは印刷の関係で使えない。
・色鉛筆、サインペン、絵の具、筆など。色鉛筆は力強く濃く塗ると光沢がきれいになる。ゆっくりとやさしく塗ると柔らかい色になる。紙の工夫。折り紙、和紙、広告の紙、模様紙などを使ってもよい。
・色のバランスを考える。

❾ 仕上げ
・文字に影や模様をつけ変化をもたせる。
・表現や表記等の点検、修正をする。

公益財団法人 理想教育財団、『はがき新聞を使った授業づくり』、2012、p.13より

[資料▶8]「はがき新聞」書き方の手引書

子どもたちに「道徳はがき新聞」作成にあたっての手順をあらかじめ示して、作業を行わせている。

子どもたちが作成した「道徳はがき新聞」の例（注：アンダーラインは筆者）

- 「<u>理不尽なことでも周りの人がそれを当たり前と思ってしまったら、それに逆らうのは怖くて、勇気のいることです</u>」[写真▶22]
- 「問題が起こった時、<u>皆が納得できる解決法を見つけたい</u>と思います（理由）不満が残ると、また問題になってしまうからです。」[写真▶23]
- 「協力すれば少しですが争いが減ると思います。<u>その少しを積み重ねて大きくし……</u>」[写真▶24]
- 「<u>人の心を動かすのは容易でない</u>と思います。社会を変えるために、<u>決して自分本位にならず……</u>」[写真▶25]
- 「いつまでも暴力を避け平和を願い続け、<u>将来、子どもや孫に非暴力の大切さを伝えたい。</u>」（折り鶴の絵に願いを込めて）[写真▶26]
- 「変化を起こすには、恐れずに最初の一歩を踏み出すということです[写真▶27]
- 「人間を皆平等でなくする差別が嫌いです。（略）私は、<u>自分の身の回りの小さな差別からなくしていこう</u>と思います。」[写真▶28]
- 「私は人の意見に流されてしまうことがこれまで多くありました……<u>意見を曲げないようにしていきたい</u>と思います。」[写真▶29]
- 「たとえどんなに小さなことでも、<u>人の役に立てることを自分から出来るようにしたい</u>です。」[写真▶30]
- 「他の人がマナー違反をしている時、<u>注意をするという行動を心がけたい</u>と思います。」[写真▶31]

（[写真▶22～31]参照。「道徳はがき新聞」の文中から要点を抽出）

　子どもたちの「道徳はがき新聞」を見ると、上記のような意見が随所に記されている。筆者が記した下線部をご覧いただいてもわかるように、多くの子どもたちは、本授業実践における学習活動を通して、公民権運動やインド独立運動において社会改善を促すために努力した人々の苦労に思い

子どもたちが制作した「道徳はがき新聞」(資料提供：神奈川県公立学校A校)

[写真▶22]

[写真▶23]

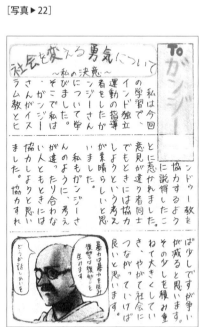

[写真▶24]

[写真▶25]

子どもたちが制作した「道徳はがき新聞」(資料提供：神奈川県公立学校A校)

［写真▶26］　　　　　　　　　［写真▶27］

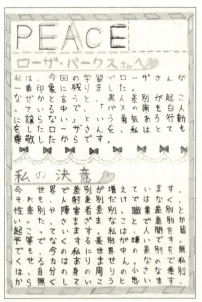

［写真▶28］　　　　　　　　　［写真▶29］

子どもたちが制作した「道徳はがき新聞」（資料提供：神奈川県公立学校A校）

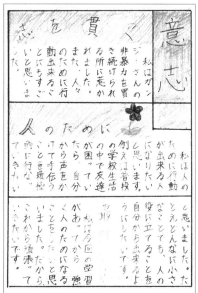

［写真▶30］

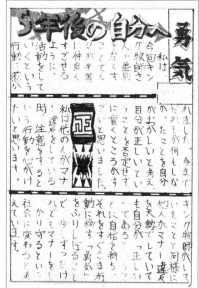

［写真▶31］

をはせ（例えば、「人の心を動かすのは容易ではない」といった視点など）、そういった人々に対する敬意を表すと同時に、差別問題の解決や正しさの追究などについて自らの新たな決意を表明しようとしていることがわかる。多くの子どもたちが記したコメントを見ても、これらの意見が、決して「他人事」ではなく、「当事者性」を帯びているということが読み取れる。

「協力すれば少しですが争いが減ると思います。その少しを積み重ねて大きくし……」というコメントからは、キング牧師やガンディなどが実践した非暴力という解決方法を用いて社会を変革させるためには、不断の努力や日々の知恵ある行動を積み重ねていくことが大切であるという視点にも子どもたちは気づいていることが理解できる。こうした気づきは、コメントの中に「決して自分本位になってはいけない」という言葉で表現されていて、社会に主体的に関わっていこうとする力強い決意を感じることができる。また、「私は人の意見に流されてしまうことがこれまで多くありました……意見を曲げないようにしていきたいと思います。」というコメ

ントからは、この子どもが今までの自分自身の生き方の弱い部分を問い直し、新たな生き方を模索しようとしている様子が窺える。こうした考えを子どもたちがもてるようになったことも、成長の証であると筆者は考察している。さらに、「問題が起こったとき、皆が納得できる解決法を見つけたいと思います。」というコメントにも表れているように、問題解決を図る際には、自分と意見が合わない他者を切り捨てるのではなく、他者の声にも耳を傾けて誠実に向き合っていきたいということを決意しているように筆者は感じる。また、同じ子どもがコメントの後半に、「不満が残ると、また問題になってしまうからです。」と根拠を添えて自分の決意を主張している点は、当該の子どもが理性的に事象と向き合おうとしている証ではないだろうか。

　すべては、みんなが共に生きる社会のために、己がどう生き、どう社会にかかわっていくことができるのかといった自己変革の視点に意見が帰結していることは、本当に素晴らしい成果であると考える。

　ところで、ある研究会で本授業実践の成果を発表した際、何人かの現職教員の参加者から「現場では、こうした決意表明みたいなものは『道徳の時間』ではさせず、あくまでも道徳的な気づきに留めておくようにと注意されているのですが……」という質問が出た。こうした質問は、従来型の「道徳の時間」の進め方ならばこのような決意表明否定論として出てくる可能性がある。しかし、「特別の教科 道徳」では、道徳的な実践を行うという視点が、今後の教育活動の中で重要視されるということであるから、「道徳はがき新聞」のような活動によって自らの主張や決意を述べる機会が今後はあってもよいと考える。実際問題として、子どもたちだけに限らず大人であったとしても、人は学習で得た学びが大きいほど、言葉に出して、あるいは行動に出して実践してみたくなるものである。そういった思いを子どもたち相互の表現活動を通して大いに語り合わせてこそ、「特別の教科 道徳」が子どもたちの内面に道徳的実践意欲を湧かせたり、道徳的実践を外に表出したくなったりするような価値ある活動になるのではないかと考える。ちなみに、A校では、プリントされてきた「道徳はがき新

間」を廊下に掲示して鑑賞し合わせたということである。掲示することによって、自らが主張した決意がクラスや学年の仲間に共有されるので、子どもたちは実生活において責任ある行動をするようになっていくと考えられる。同時に、この取り組みによって、学校におけるいじめや差別の予防にもつながるといった効果を生み出すことも期待できる。以上のような考察を実践終了後にM教諭と語りあったことも、ここで触れておきたい。

　これと同様の視点について、中央教育審議会道徳専門部会の主査である押谷由夫は、その著書の中で、「道徳的実践といえば道徳的な行為をすることととらえられるが、例えば、道徳的な事柄について調べてみたり、聞いてみたり、考えたり、試してみたり、振り返ってみたりすることすべてが含まれると考える。そうすると、自分もやってみるといった行動面だけでなく、今日学んだことをもっと調べてみようとか、さらに考えてみようとか、自分をもう一度見つめ直してみようとかの心の動きが起こることも、道徳的実践力を養ったことになる」（押谷由夫・柳沼良太『道徳の時代をつくる！』教育出版、2014（平成26）年、p.7）と示している。これからの道徳教育に求められる道徳教育のコンピテンシー（competency）とのかかわりの中で、「道徳はがき新聞」のような活動は価値あるものになっていくと考えられる。

　従来の「道徳の時間」の進め方（道徳的心情理解に重きをおいた指導）をさらに進化させて、「特別の教科 道徳」においては、こうした道徳性の認知的側面や行動的側面を高める視点も含めて、総合的に道徳性の涵養を図っていくことが重要となる。

　「特別の教科 道徳」では、本授業実践とここで得た成果を参考にして、ぜひとも新しい道徳教育の取り組みを設計し、実践していきたいものである。子どもたちは、一定の方向性が決まっていたり、あるいは先が見通せてしまったりするような、教師主導の一元的な道徳教育を望んでいない。これは、第3章の4-③（p.108）で示したような子どものコメント（例：「ふだんは、道徳ノートの〇〇ページをやってくださいと言って、そのページをやったら終わりで正直不満ですが、今回の授業はグループで考えを出し合ったり、協力できたりしたのでとてもよかったです。」）からも明白である。子どもたちは、自ら考え、自ら判断し、道徳的価値がもつ深層の意味を追究していくような新しいス

タイルの道徳を求めているのである。ぜひとも、本書に示すような新しい取り組みを、読者の皆さんと共にたくさん考案して、子どもたちが積極的に取り組んでいけるような道徳の授業づくりを手掛けていきたいと筆者は願っている。

脚注

＊1　PISA型読解力……田中によると、「OECDが開発・実施しているPISA調査で求められる、新しいタイプの読解力（Reading Literacy）」のこと。「文部科学省が2006年に出した、『読解力向上に関する指導資料』（東洋館出版社）において初めて用いられた用語。その下位能力として、情報の取り出し、解釈、熟考、評価という4つが定義されている」という（田中博之「学級づくりと学級力向上」、安彦忠彦・児島邦宏・藤井千春・田中博之編著『よくわかる教育学原論』ミネルヴァ書房、2012（平成24）年、p.140）。

本文編　参考文献・引用文献（本文出現順）

◆1　公益財団法人　理想教育財団『はがき新聞を使った授業づくり - その教育効果と授業実践例』、2012（平成24）年
◆2　押谷由夫「1『特別の教科 道徳』の在り方」、押谷由夫・柳沼良太編著『道徳の時代をつくる！-道徳教科化への始動-』教育出版、2014（平成26）年、pp.2-9

脚注編　参考文献・引用文献（本文出現順）

◆3　田中博之「学級づくりと学級力向上」、安彦忠彦・児島邦宏・藤井千春・田中博之編著『よくわかる教育学原論』ミネルヴァ書房、2012（平成24）年、pp.140-141

今後の課題
——中央教育審議会答申を乗り越える新しい発想の提案

2014（平成26）年の中央教育審議会答申は、「特別の教科 道徳」の指導は、従来通り、担任が行うことが望ましいという見解を示している。しかし、本書で示した問題解決ワークショップを用いた「特別の教科 道徳」による授業実践を教科学習とクロス（cross）させる取り組みは、教科の専門性や教師の熟練性が求められるといった指導面における難易度の問題が発生するため、多くの先生方が実践をする際に困難さを感じられるのではないかと筆者は推測している。そこで、筆者がこの問題の解決策に考えたのが、指導体制のオムニバス（omnibus）化である[*1]。本章では、このオムニバス形式の指導体制について、筆者のアイディアを示していきたい。そして、中央教育審議会答申を乗り越える新しい発想として、このオムニバス形式による「特別の教科 道徳」の指導体制の構想を提案したいと考える。

1. 「特別の教科 道徳」と教科等の連携を推進することを目的とした指導体制のオムニバス化

　中央教育審議会が示した答申（2014年）では、「『特別の教科 道徳』（仮称）の指導に当たっては、児童生徒をよく理解している学級担任が原則として担当することが適当と考える」(p.13)として、子どもたちに一番身近な存在である担任を指導の主体に位置づけている。

　しかし、その一方で「全てを学級担任任せにするのではなく、校長をはじめとする管理職や、学校や学年の教員全体が、自らの得意分野を生かす取組なども重要である。『特別の教科 道徳』（仮称）に係る指導力は、教員の教育活動全般にわたっての指導力を高める上でも極めて重要なものであり、例えば、学校の全ての教員が、授業の準備、実施、振り返りの各プロセスを含め、道徳の学習指導案の作成や授業実践を少なくとも年に1回は担当して授業を公開するなど学校全体での積極的な指導力向上の取組も望まれる」(中央教育審議会答申、2014年、p.13)という組織的な取り組みの視点も強く強調している。これは、「特別の教科 道徳」が、学校の教育活動全体の要としてその役割を十分に果たすことができるようになることを期待してのことであろう。筆者は、この考え方を大いに支持したいと考える。

　前述のような中央教育審議会答申をふまえたうえで、本書に示した問題解決ワークショップを用いた「特別の教科 道徳」の授業実践を振り返ると、ここに示された視点をさらに乗り越える新たな指導観を見出すことができるのである。それが、「特別の教科 道徳」の指導体制をオムニバス化する構想である。

　教科・総合的な学習の時間・特別活動等の教育活動と「特別の教科 道徳」をクロスさせた、問題解決ワークショップを用いた「特別の教科 道徳」の実践は、前述した通り、内容の専門性がかなり高く、教師の熟練性が問われることになる。このような問題から、読者の皆さんの間にも腰が引けてしまった方がいる可能性が高いと考えられる。

そこで、筆者はこのオムニバス形式の指導体制を構想したのである。この指導体制は、各担任を単元ごとの担当に役割分担し、その単元を学年や学校の中で循環させて指導していくやり方である。各担当者が、自身の担当する教科の専門性に応じて、教科教育等と連動させた問題解決的な道徳教育をオムニバス形式の指導体制の中で展開することによって、授業の幅が広がり内容がさらに充実すると考えられる。同時に、担当する教員が自らのオリジナリティを発揮できるようになるため、すべてを学級担任が背負うスタイルよりも負担感が少ないというメリットも得ることができる。逆に、この方法で教師自身の専門性を活かした「特別の教科 道徳」の授業が可能になれば、教師も楽しみながら教材研究や授業づくりができるようになるのではないだろうか。

　仮に、4人の教員で学年を担当している場合のオムニバス形式による「特別の教科 道徳」の指導体制を想定してみることにしよう。この場合、各担任は、次のページの[**表▶11**]（p.167）のようなサイクルで単元を担当することになる。例えば、1単元3時間の単元構成ならば、1単元を学年で教えるのに、4人×3時間＝12時間で1サイクルすることになる（小規模校の場合は、学校全体で指導体制をオムニバス化する。道徳は担任が行うため、同じ時間帯で全クラスが連動しているから、担当が教室を移動して指導するというオムニバス形式の指導体制にしても、実施は可能である）。

例			
社会科教員の場合	→	公民権運動×道徳	
		（補充1時間＋深化1時間＋統合1時間）	
理科教員の場合	→	原子力発電×道徳	（　同上　）
体育科教員の場合	→	生涯スポーツ×道徳	（　同上　）
国語科教員の場合	→	高瀬舟と生命倫理×道徳	（　同上　）
美術科教員の場合	→	シュールリアリズム×道徳	（　同上　）

等

　ただ、この場合も、研修が全く必要ないというわけにはいかない。つまり、問題解決ワークショップのつくり方（授業設計）についての知識・技能

[表▶11] 筆者考案のオムニバス形式による「特別の教科 道徳」の指導体制の例

カリキュラム	単元構成	1組	2組	3組	4組
12時間	3時間	A教諭	B教諭	C教諭	D教諭
	3時間	D教諭	A教諭	B教諭	C教諭
	3時間	C教諭	D教諭	A教諭	B教諭
	3時間	B教諭	C教諭	D教諭	A教諭

(注) 例えば、[表▶11] の例でいくと、A教諭は社会科担当、B教諭は理科担当、C教諭は国語科担当、D教諭は音楽科担当……といった具合に分担する。学年のみならず、学校内で担当者を回しても指導の多様性が増してよいと考える。A教諭を例にとると、グレーの網かけのような動きになる。

を習得する必要はある。したがって、これから新設される道徳教育推進教師は、自らが中心になって、校内研修をさかんに行い、教育委員会などが主催する校外研修に積極的に参加して、問題解決的な道徳学習を広める必要があるといえる。その意味で、学校長や道徳教育推進教師の果たすべき役割は、今後、ますます大きくなるといえる。

こうした新しい取り組みが導入されると、とかく苦手意識をもたれる読者の皆さんも多くいるかもしれない。しかし、私たち教師が、自らの専門性を活かした道徳教育を実践することによって、担当する子どもたちが世界に胸を張って主体的に歩んでいけるような資質や能力を形成していくことができるのであれば、こんなに嬉しいことはないと筆者は考える。

かくして、筆者は、本書を手に取った皆さんと共に、中央教育審議会の答申を乗り越える新しい取り組み、「オムニバス形式による『特別の教科 道徳』の指導体制」の構築によって、「特別の教科 道徳」の幅広い展開を創造していきたいと考えるのである。

脚注

＊1　**オムニバス（omnibus）**……「《乗合自動車の意から》映画・演劇・文学などで、いくつかの独立した短編を集め、全体として一つの作品となるように構成したもの。」（『デジタル大辞泉』より）

本文編　参考文献・引用文献

◆1　中央教育審議会『道徳に係る教育課程の改善等について（答申）』、2014（平成26）年

脚注編　参考文献・引用文献

◆2　「オムニバス」、『デジタル大辞泉』、https：//kotobank.jp/word/%E3%82%AA%E3%83%A0%E3%83%8B%E3%83%90%E3%82%B9-454480）

「生きる力」と道徳教育
──これまでの学習指導要領に示された道徳教育の姿

本章では、2008（平成20）年版の学習指導要領に示された道徳教育について概観していきたい。そもそも日本の道徳教育は、従来からどのように位置づけられてきたのであろうか。それを解読するうえで必要な視点が、「生きる力」（世界においては「主要能力（キー・コンピテンシー（key competency））」）の概念と道徳教育の相関関係である。世界的規模の激しい社会変革の中で、子どもたちに身につけさせたい力にも変化が生じてきている。OECD（経済協力開発機構）などによると、これからの時代を生きる子どもたちに求められる能力には、活用能力・人間関係形成能力・自律的行動能力などがあげられているが、このような能力が身につくためには「知・徳・体」のバランスのとれた人格の完成が不可欠である。本章では、「生きる力」と道徳教育の相関関係について再確認するとともに、「特別の教科 道徳」における新しい授業のあり方について検討していきたい。

（注）2014（平成26）年10月に示された中央教育審議会の「道徳に係る教育課程の改善等について」（答申）に基づいて、2015（平成27）年3月に改訂版の学習指導要領が公示された。この中には、「考え、議論する」といった新しい「道徳科」の指導のあり方（問題解決的な学習など）や、評価のあり方（パフォーマンス評価、ポートフォリオ評価、自己評価など）が示されている。本実践は、2014年10月の中央教育審議会の答申を受け、その理念を先行的に反映させた実践として、同年11月に実施したものである。そして本書は、この実践で行ったさまざまな取り組みを読者の皆さんに紹介するために、2015年3月に執筆されたものである。改訂版学習指導要領については、十勝教育局義務教育指導班がわかりやすくまとめた新旧対照表（2015年3月）を、先方の承諾を得て巻末（p.204）に掲載したので参照願いたい。

1. これまでの学習指導要領でも再評価された「生きる力」

　2008年版の中学校学習指導要領は、2008（平成20）年3月28日に学校教育法施行規則の一部改正とともに改訂されたもので、2012（平成24）年から全面的に実施されたものである。この改訂は、改正教育基本法や学校教育法等の規定に則り、2008年1月の中央教育審議会の答申を受けて実施されることになる。

　2008年版の学習指導要領のまえがきでは、次の3点が基本的な改訂のねらいとして示されている。まずは、この改訂のねらいをしっかりと理解したうえで、このときに再評価されたわが国の「生きる力」の概念について詳しく述べていきたいと考える。

2008年版学習指導要領改訂の三つのねらい

①教育基本法改正等で明確となった教育の理念を踏まえ「生きる力」を育成すること
②知識・技能の習得と思考力・判断力・表現力等の育成のバランスを重視すること
③道徳教育や体育などの充実により、豊かな心と健やかな体を育成すること

　　　　　　　　　　『中学校学習指導要領解説　総則編』「まえがき」より

　それでは、ここに示されている「生きる力」とは、どのような力であろうか。この点について、ここでは概観していきたい。日本に「生きる力」という概念が登場したのは、1996（平成8）年の中央教育審議会答申（「21世紀を展望した我が国の教育の在り方について」）からである。この答申を受けて改訂された1998年版の学習指導要領に、この概念がはじめて登場する。

わが国の「生きる力」の概念は、世界的規模の激しい社会変革（＝グローバル社会、情報化社会、知識基盤社会などの到来のこと）を背景に登場したものであるが、同じころ世界的な場においても「主要能力（キー・コンピテンシー）」という類似の概念が登場するのである。そのきっかけになったものが、2000（平成12）年にOECD（経済協力開発機構）が実施した国際学力調査、いわゆるPISA調査である。

　PISA調査は、世界中の教育界の権威が研究を重ねて開発した国際学力調査であるが、ここには知識基盤社会を生きる次世代の子どもたちに必要な能力として、「主要能力（キー・コンピテンシー）」が位置づけられている。文部科学省のホームページに掲載されている「OECDにおける『キー・コンピテンシー』について」（http://www.mext.go.jp/b_menu/shingi/chukyo/chukyo3/016/siryo/06092005/002/001.htm）によると、OECDが掲げるキー・コンピテンシーの枠組みとは、「①社会・文化的、技術的ツールを相互作用的に活用する能力（個人と社会との相互関係）、②多様な社会グループにおける人間関係形成能力（自己と他者との相互関係）、③自律的に行動する能力（個人の自律性と主体性）」という三つの力であり、これら三つの力をかかわり合わせて構成された国際学力調査がPISA調査なのである。つまり、この調査の中で測定される学力とは、単なる知識や技能を習得するだけの知識偏重的な学力ではなく、課題を解決する際に複雑な要素や背景が絡み合うような難題を、子どもたちが既習の知識や技能、さまざまな資源を特定の文脈の中で読み解き、それらを比較したり、関連づけたり、組み合わせたりしながら活用して、よりよく解決していくことができる活用型の学力なのである。この動きと同じ時期の2002（平成14）年、アメリカにおいても「21世紀スキル」が提唱されるのだが、まさにこの主要能力（キー・コンピテンシー）の概念は、こうした世界的規模の教育潮流の中で登場した概念なのである。

　文部科学省のホームページ『中央教育審議会　初等中等教育分科会　教育課程分科会（第4期第12回）議事録』（http://www.mext.go.jp/b_menu/shingi/chukyo/chukyo3/004/siryo/07100903/001/003.htm）によると、このとき、既にわが国では1998（平成10）年版学習指導要領の教育理念に「生きる力」を位置づけていたことから、この「生きる力」はOECDが定義

している主要能力(キー・コンピテンシー)の概念を日本が先取りしたものと一般的に考えられている。このように、日本の「生きる力」の概念は、世界的な視野で捉えても極めて重要な教育理念といえるのである。

さて、この極めて重要な教育理念である「生きる力」の概念だが、わが国では次のように位置づけられている。下記に記す『中学校学習指導要領解説　総則編』「第1章　総説」の解説を参考にすると、「生きる力」が主に「知・徳・体」の3領域で構成されていることがわかる。

「生きる力」の構成要素

知（確かな学力）……　基礎・基本を確実に身に付け、いかに社会が変化しようと、自ら課題を見つけ、自ら学び、自ら考え、主体的に判断し、行動し、よりよく問題を解決する資質や能力

徳（豊かな心）　……　自らを律しつつ、他人とともに協調し、他人を思いやる心や感動する心などの豊かな人間性

体（健やかな体）……　たくましく生きるための健康や体力

『中学校学習指導要領解説　総則編』「第1章　総説」「2改訂の基本方針」p.3より（筆者が整理）

この「生きる力」という概念が、2008年版の学習指導要領で再び評価し直された背景には、21世紀が知識基盤社会化やグローバル(global)社会化などによって、社会構造が激しく変革するであろうということを国際社会が予測していたことがある。こういった激変する社会情勢の下にあっては、政治・経済・文化などのあらゆる領域で新しい知識や情報、技術が必要とされるようになるし、未来を担う子どもたちもこの変化に対応してよりたくましく生き抜いていくためのスキル(skill)をもつことが求められるようになるのである。

知識基盤社会やグローバル社会では、子どもたちの学力観も相応に変化

することが考えられる。単なる詰め込み型の知識や技能は、極めて断片的ですぐに陳腐化してしまって、将来、役に立たないと考えられている。これからの時代は、目の前に出現したかつて経験したことがない事象や複雑な課題に対しても、果敢に挑戦する意欲や態度、あるいは資質や能力が求められる。そして、既習の知識・技能や心理的・社会的資源をフルに活用して、当該課題に含まれるさまざまな原因を追究し、その課題が発生するしくみを詳しく分析・考察しながら、よりよく解決していく能力の形成も必要となる。ここでいう複雑な課題の中には、「環境保護と経済発展・開発」、「豊かな生活の実現と格差の是正」といった価値と価値とが対立するような問題などが含まれている。こうした権利と義務、対立と協調、効率と公正、多数決の原則と少数意見の尊重といった対立概念をいかに上手く調整し、答えが一つに限定できないような社会的問題をよりよく改善し、持続可能な社会の実現に寄与できるかなども、今後、子どもたちに求められる諸能力の中に含まれるようになる。めまぐるしく変化する技術革新や情報革新などの世界的規模の社会変革の流れの中で、これからの子どもたちは高い適応能力や活用スキル、社会的リテラシー(literacy)などの形成も同時に図っていかなければならなくなるのである。

　なお、これと同様の視点について、早稲田大学大学院教職研究科教授の水原克敏は、「この3領域が交差する『キー・コンピテンシーの核心』は（略）、『思慮深さ（反省性）』であるといいます。『思慮深さ』とは、通常想定されることに加えて、『メタ認知的な技能（考えることを考える）、批判的なスタンスを取ることや創造的な能力の活用』を意味しています。『思慮深さの具体例』として、『単純な回答や二者択一的な解決法で即決するのではなく、むしろ、いろいろな対立関係を調整できること』で『自律性と連帯性、多様性と普遍性、そして革新性と継続性』など『多面性を持つ相互的なつながりや相互関係を配慮して、いっそう統合的な方法で考えふるまうこと』ができることです。また『反省性』とは、『状況に直面したときに慣習的なやりかたや方法を規定どおりに適用する能力だけでなく、変化に応じて、経験から学び、批判的なスタンスで考え動く能力』です」（水原克敏、『学習指導要領は国民形成の設計書』東北大学出版会、2010（平成22）年、p.232）と記して

いる（批判的という表現をすると、相手を糾弾・追及するような意味で捉えがちなので注釈を入れる。ここでいう「批判的リテラシー」とは、「適切な基準をもとに自分なりの判断が下せる力や不合理な規則や既成の枠組みを疑ってかかる態度」（佐藤郡衛、『よくわかる教育学言論』ミネルヴァ書房、2012年、p.93）のことをさし、その学習方法としては社会的課題の解決学習や討論や対話があげられている。つまり、ここでは「言いっ放し」で意見が対立して終わるのではなく、最終的には打開策を見つけて協調に導く姿勢をもつことが、社会で共に生きていくうえで重要な視点である）。これらに共通する視点は、どんな複雑な社会状況においても、多面的・多角的な視点から総合的に物事を捉え、従来からの固定的な考え方に固執せず、変化に柔軟に対応していく能力が必要であるということであろう。

　さて、こうした問題解決能力を子どもたちが身につけるためには、当然、思考力・判断力・表現力といった確かな学力の定着も必要になるのだが、それと同時に、グローバル化された社会にあっては、習慣・文化・文明・宗教などの異なる背景をもつ人々との共存や国際協力といった視点も形成していく必要がある。このような場面においては、他者の困り感に誠実に耳を傾け、豊かな想像力を働かせながら、社会をよりよく調整・改善し、発展させようとする意欲や態度を形成していくことも重要視されてくるであろう。これからの世の中では、こうした「豊かな心」を伴った「確かな学力」をもつたくましい若者が求められるようになるのである。このような教育の潮流が社会的背景にあって、わが国は「知・徳・体」の調和のとれた人材育成をめざそうとしているのである。

2. 「豊かな心」を伴った「確かな学力」を育む道徳教育

　OECDが行うPISA調査は、2000（平成12）年から3年おきに実施されているが、日本は2003（平成15）年と2006（平成18）年に多くの分野で順位を下げていることは周知の事実である。この事象は、「PISAショック」

と呼ばれている。このときに、日本の子どもたちの課題として指摘されたのが、以下の3点である。

2008年版　学習指導要領で示された日本の子どもたちの課題

① 思考力・判断力・表現力等を問う読解力や記述式問題、知識・技能を活用する問題に課題（が見られる）
② 読解力で成績分布の分散が拡大しており、その背景には家庭での学習時間などの学習意欲、学習習慣・生活習慣に課題（が見られる）
③ 自分への自信の欠如や自らの将来への不安、体力の低下といった課題（が見られる）

『中学校学習指導要領解説　総則編』「第1章　総説」「1改訂の経緯」、p.1より（筆者が整理）

上記①〜③のような課題が「PISAショック」から浮き彫りになったことにより、2005（平成17）年に、文部科学大臣から中央教育審議会に対して、21世紀を生きる子どもたちの教育の充実を図るための方策（教員養成、教育条件の整備・拡充、国の教育課程の基準全体の見直しなど）について、検討を求める諮問がなされている。この検討は、2年10か月にわたる審議を経て、2008年版の学習指導要領改訂に反映されることになる。これが、中央教育審議会答申、「幼稚園、小学校、中学校、高等学校及び特別支援学校の学習指導要領等の改善について」である。ここに示された基本的な考え方は、以下の七つの視点である。

2008年版　学習指導要領の改善点に関する基本的な考え方

① 改正教育基本法等を踏まえた学習指導要領改訂
②「生きる力」という理念の共有
③ 基礎的・基本的な知識・技能の習得
④ 思考力・判断力・表現力等の育成

> ⑤ 確かな学力を確立するために必要な授業時数の確保
> ⑥ 学習意欲の向上や学習習慣の確立
> ⑦ 豊かな心や健やかな体の育成のための指導の充実
>
> 『中学校学習指導要領解説　総則編』「第1章　総説」「1改訂の経緯」、pp.1-2より

　答申が示した七つの基本的な考え方の中で、特に本書のテーマに関係してくる文言が、「⑦豊かな心や健やかな体の育成のための指導の充実」である。学習指導要領の第1章　総説「1改訂の経緯」では、「豊かな心や健やかな体の育成のための指導の充実については、徳育や体育の充実のほか、国語をはじめとする言語に関する能力の重視や体験活動の充実により、他者、社会、自然・環境とかかわる中で、これらとともに生きる自分への自信をもたせる必要がある」（『中学校学習指導要領解説　総則編』「第1章　総説」「1改訂の経緯」、p.2）と示されており、「豊かな心」を育む教育の主体として徳育（道徳教育）の重要性が示されているのである。

　さて、2008年の学習指導要領改訂後、日本の学力はどのように変化していくのであろうか。ここからは、その歴史をたどっていくことにする。
　このテーマを考えるにあたって、2014年6月6日の前国立教育政策研究所所長（当時）・尾崎春樹氏によるNEW EDUCATION EXPO 2014における講演「全国学力・学習状況調査、PISA調査から見る日本の教育の現状と課題」が非常に示唆に富む提言をしているのでご紹介しつつ私見を述べていきたい（『PISAショックからの立ち直りと「総合的な学習の時間」』、2014（平成26)年、http://resemom.jp/article/2014/06/09/18855.html）。
　講演のなかで尾崎は、おおむね次のように述べている。日本の順位は2009（平成21）年のPISA調査から上昇に転じ、特に2012年の結果については、OECDが「日本はすべての分野でトップ、またはトップに近く（加盟国中での順位）、問題解決能力においては、レベル4以下（成績中位・下位層）の成績が他国の同レベルから20ポイントも高い」と評価しているように、PISA型学力が劇的に向上・改善したことを説明した。さらに、尾崎は、

こうした成果の背景に実社会において重視される知識や活用力に焦点をあてた全国学力テスト（2007（平成19）年の全国学力・学習状況調査）の存在があるとしたOECDの分析をもとにして、「日本がPISAショックから立ち直ったのは、総合的な学習の時間と全国学力・学習状況調査を組み合わせた取り組みが功を奏したのではないか」と示した。

　このように、尾崎のような分析が存在するのであれば、「豊かな心」を伴った「確かな学力」を形成するために、「問題解決ワークショップなどの様々な指導方法を用いた道徳のアクティブ・ラーニング」や「教科と道徳教育を連携させたクロス・カリキュラム（cross curriculum）」を展開することによって総合的な道徳性を高めようとする取り組みの有効性も見込めるのではないだろうかと筆者は考えるのである。

　ところで、「教科と総合的な学習のクロス・カリキュラム」については、同じ講演のなかで尾崎が、日本の子どもたちが抱える「自分への自信の欠如や自らの将来への不安」という課題と関連させて述べている部分があるので、これについて少し触れてみたい。尾崎は、「PISAのアンケート調査の分析では、日本の生徒は成績は良い（正答率）ものの、自己信念に関する項目でネガティブな考えをもっている傾向がある。通常、自己信念（この問題を解けると思う、この教科は得意だと思う、授業や理解に自信がある、など）がポジティブなほど正答率は上がるのだが、日本は正答率が高くてもこれらの指標が加盟国中下位に位置する。考え方や文化の違いかもしれないが、逆に日本の生徒が自己信念に関してもっとポジティブになるような施策をすれば、さらに成績が上がるのではないか」とコメントしながら、総合的な学習の時間が、ここに示された子どもたちの「自己信念」を育てるのに一定の効果があるということを取り上げている。そして、そのことが、日本のPISA型学力を向上させた要因の一つであるという考えについても示しているのである。

　この「自己信念」という概念は、子どもたちの自己肯定感を高めることによって身についていくものではないかと筆者は考える。教科的な学力にしても、総合的な学力にしても、道徳的な信念にしても、未成熟なうちはなかなか自信を表に出すことができないものである。子どもたちが、家庭

生活や学校生活、地域における活動などを通して、小さな成功体験や社会的・科学的事象に対する確信を積み上げていくことによって、自己肯定感をもつことができるようになり、そうした一連のプロセスが「自己信念」といった確固たるものを形成していくのではないだろうか。

　総合的な学習の時間もさることながら、子どもたちの道徳性を育む道徳教育においても、「特別の教科 道徳」を要にしながら、学校の教育活動全体を通して教科をクロス（cross）あるいは横断させることによって、子どもたちの道徳的価値に対する確固たる「自己信念」の形成を図りたいものである。このような取り組みを実践することによって、「豊かな心」を伴った「確かな学力」が子どもたちの中に形成され、激動の21世紀を生き抜くための「生きる力」を子どもたちに育むことができるのではないかと考えるのである。

3. 2008年版　学習指導要領に示された道徳教育に関する視点

　本節のテーマを論じる前に、まずは現行の中学校学習指導要領の「第1章　総則」「第1　教育課程編成の一般方針」に示されている道徳教育の位置づけについて、以下のように引用したので、これを確認したい。

現行学習指導要領に示されている道徳教育に関する方針
第1章　総則
第1　教育課程編成の一般方針

2.　学校における道徳教育は，道徳の時間を要として学校の教育活動全体を通じて行うものであり，道徳の時間はもとより，各教科，総合的な学習の時間及び特別活動のそれぞれの特質に応じて，生徒の発達の段階を考慮して，適切な指導を行わなければならない。

道徳教育は，教育基本法及び学校教育法に定められた教育の根本精神に基づき，人間尊重の精神と生命に対する畏（い）敬の念を家庭，学校，その他社会における具体的な生活の中に生かし，豊かな心をもち，伝統と文化を尊重し，それらをはぐくんできた我が国と郷土を愛し，個性豊かな文化の創造を図るとともに，公共の精神を尊び，民主的な社会及び国家の発展に努め，他国を尊重し，国際社会の平和と発展や環境の保全に貢献し未来を拓（ひら）く主体性のある日本人を育成するため，その基盤としての道徳性を養うことを目標とする。

　道徳教育を進めるに当たっては，教師と生徒及び生徒相互の人間関係を深めるとともに，生徒が道徳的価値に基づいた人間としての生き方についての自覚を深め，家庭や地域社会との連携を図りながら，職場体験活動やボランティア活動，自然体験活動などの豊かな体験を通して生徒の内面に根ざした道徳性の育成が図られるよう配慮しなければならない。その際，特に生徒が自他の生命を尊重し，規律ある生活ができ，自分の将来を考え，法やきまりの意義の理解を深め，主体的に社会の形成に参画し，国際社会に生きる日本人としての自覚を身に付けるようにすることなどに配慮しなければならない。

文部科学省ホームページ『現行学習指導要領・生きる力』より
http://www.mext.go.jp/a_menu/shotou/new-cs/youryou/chu/sou.htm

　ここに示された内容を確認すると、現行の学習指導要領は、人間尊重の精神・生命に対する畏敬の念を生活に活かして、社会の発展に貢献することのできる人材の育成を道徳教育に求めているのである。そして、上記の引用文の後段に示されているように、豊かな体験を通して道徳性を高めるような道徳教育が推進されていくことについても重要な視点であると示しているのである。

　『中学校学習指導要領解説　総則編』「第1章　総説」「2.改訂の基本方針」（p.4）においては、家庭や地域の教育力が著しく低下している昨今の教育情勢を鑑みて、学校における道徳教育などの充実化を図る必要性を示した。

さらに、その手段については、「道徳の時間」を要として学校の教育活動全体を通じて行うということや発達の段階に応じて指導内容の重点化を図ること、体験活動を導入してさらに発展させること、道徳教育推進教師（道徳教育の推進を主に担当する教師）を中心に全教師が協力して道徳教育を展開すること、などを明確化した。具体的には、「先人の伝記、自然、伝統と文化、スポーツなど生徒が感動を覚える教材の開発と活用などにより充実する」、という内容の道徳教育を位置づけた。そのうえで、次のような三つの改善点を提示している。

2008年度版　学習指導要領の道徳教育に関する改善点

（イ）

第一　「道徳教育は，道徳の時間を要として学校の教育活動全体を通じて，生徒の発達の段階を考慮して行うものであることを明確にした。」

第二　「改正教育基本法を踏まえ，道徳教育の目標として，伝統と文化を尊重し，それらをはぐくんできた我が国と郷土を愛し，公共の精神を尊び，他国を尊重し国際社会の平和と発展や環境の保全に貢献する主体性ある日本人を育成することを追加した。」

第三　「中学校段階の道徳教育においては，発達の段階を踏まえ，人間としての生き方についての自覚など道徳性の育成に資する体験活動として職場体験活動を追加するとともに，特に生徒が自他の生命を尊重し，規律ある生活ができ，自分の将来を考え，法やきまりの意義の理解を深め，主体的に社会の形成に参画し，国際社会に生きる日本人としての自覚を身に付けるようにすることなどを重視することとした。」

『中学校学習指導要領解説　総則編』「第1章　総説」「3.改訂の要点」、p.6より（筆者が整理）

ここにも示されているように、第一の視点は従来通りの道徳教育の「要」規定を踏襲し、その重要性を明確に示している。第二の視点は、伝統・文化の尊重、愛国心・愛郷心の育成、公共の精神の尊重、他国の尊重と国際

平和・発展・環境保全への寄与を新たに銘打ったということにおいて、重要視されている。これについては、政治的な思惑が絡んでいるとみる学者も存在するが、本論と趣旨がずれるので、ここでは詳しくは触れない。第三の視点は、道徳性の育成に資する体験学習や職場体験をしっかりと取り入れることによって、子どもたちが社会との関わりにおいて道徳性を磨くことを重視している。家庭や地域の教育力が低下している現代だからこそ、学校がその担い手になることが求められているのであろう。

　いずれにしても、今後は道徳教育推進教師を中心に全ての教師が一丸となって、子どもたちの発達段階や社会情勢（家庭や地域の教育力の低下）も考慮しながら、年間35時間（週1時間）の授業時数の中で道徳教育が強化されることになるのである。このような対応によって、現状の崩れた規範意識を打破できるかは未知数であるが、今後、道徳教育に課された使命は重いと考えられる。

　以上、ここまで現行の学習指導要領の内容と、そこに記された道徳教育に課された役割などについてまとめてきた。なお、2014年10月に示された中央教育審議会の答申「道徳に係る教育課程の改善等について」では、上記の視点をさらに深化した内容が提言されている。これについては既に第2章において概観した通りであるのでそちらを確認してもらいたい。

本文編　参考文献・引用文献（本文出現順）

- 1　文部科学省「まえがき」、『中学校学習指導要領解説　総則編』文部科学省、2008（平成20）年
- 2　文部科学省ホームページ『OECDにおける「キー・コンピテンシー」について』http://www.mext.go.jp/b_menu/shingi/chukyo/chukyo3/016/siryo/06092005/002/001.htm
- 3　中央教育審議会『中央教育審議会　初等中等教育分科会　教育課程分科会（第4期第12回）議事録』、http://www.mext.go.jp/b_menu/shingi/chukyo/chukyo3/004/siryo/07100903/001/003.htm
- 4　文部科学省「第1章　総説」「2改訂の基本方針」、『中学校学習指導要領解説　総則編』文部科学省、2008（平成20）年
- 5　水原克敏『学習指導要領は国民形成の設計書　その能力観と人間像の歴史的変遷』東北大学出版会、2010（平成22）年
- 6　佐藤郡衛「グローバル化と多文化教育」、安彦忠彦・児島邦宏・藤井千春・田中博之編著『よくわかる教育学原論』ミネルヴァ書房、2012（平成24）年、p.92-93
- 7　文部科学省「第1章　総説」「1改訂の経緯」、『中学校学習指導要領解説　総則編』文部科学省、2008（平成20）年
- 8　リセマム『【NEE2014】PISAショックからの立ち直りと「総合的な学習の時間」…尾崎春樹氏』、2014（平成26）年、http://resemom.jp/article/2014/06/09/18855.html
- 9　国立教育政策研究所ホームページ『OECD 生徒の学習到達度（PISA）』国際研究・協力部、http://www.nier.go.jp/kokusai/pisa/
- 10　文部科学省ホームページ『現行学習指導要領・生きる力』より、http://www.mext.go.jp/a_menu/shotou/new-cs/youryou/chu/sou.htm
- 11　文部科学省「第1章　総説」「2.改訂の基本方針」、『中学校学習指導要領解説　総則編』文部科学省、2008（平成20）年
- 12　文部科学省「第1章　総説」「3.改訂の要点」、『中学校学習指導要領解説　総則編』文部科学省、2008（平成20）年

| コラム |

問題解決ワークショップを用いた「特別の教科 道徳」における授業実践への思い

ロンドン大学教育研究所（IOE）短期学生国際交流プログラム報告

　本書の原稿を書き上げようとしている現在、筆者はイギリスの地にいる。早稲田大学教職大学院の代表として、ロンドン大学教育研究所（IOE:Institute of Educationのこと、以下IOE）に短期留学のために訪れているのである。ここで、筆者らは世界最先端の教育理論についての講義を受講し、ロンドン市内の小・中・高等学校の授業を視察したのであるが、この経験を通して、日本に持ち帰るべき新しい視点やアイディアを数多く発見することができた。中でも、英国における活用学習・問題解決学習の理論は、本書のテーマに関連した教育観が含まれており、とても参考になった。

　そこで、ここでは、「問題解決ワークショップを用いた『特別の教科 道徳』における授業実践への思い -ロンドン大学教育研究所（IOE）短期学生国際交流プログラム報告-」と題し、ロンドン大学における留学経験を通して、筆者が学び得たことなどを紹介しながら、本書のテーマである問題解決ワークショップを用いた「特別の教科 道徳」における授業実践の必要性について、筆者の考えをコラムとしてまとめていきたい。

デイビット・スコット教授による英国の活用学習観について

　筆者らがロンドン大学において受講した講義は、主に①英国カリキュラム、②評価システム、③特別支援教育・インクルーシブ教育（inclusive education system）、④教科指導法（活用学習）、⑤ICT教育であった。い

ずれも、OECD（経済協力開発機構）が推奨する、PISA型学力に適応した世界最先端の教育理論などであり、学校臨床をベースにした幅広い知見の数々に筆者は圧倒された。

　中でも、本書に関連する教育観として筆者が感銘を受けた講義は、デイビット・スコット（David Scott）教授による英国のカリキュラムに関する講義であった。スコット教授は、ロンドン大学でカリキュラム・評価・指導法の教鞭をとられていらっしゃる先生で、シンガポール・インド・メキシコ・フィンランドなど世界各地のカリキュラムの開発プロジェクトに携わってこられた、この道の権威である。まずは、スコット教授がどのようなお話をされたのかについて、その概要を以下にまとめていくこととする。

　スコット教授は、最初に「ペタゴジック・アプローチ（pedagogic approach）」という指導法を講義の冒頭で示されている。この理論は、「教えること」と「学ぶこと」に関する指導法のことをさしていて、例えば小学生に対して野山に出て野生の動植物を探させる教育活動と、それらの観察内容を教室に持ち帰って分類や分析をさせる教育活動は、それぞれ異なった指導プロセスをたどるというのである。つまり、どういうような指導＝ペダゴジー（pedagogy）を私たち教師が用いるか、あるいはそれらを組み合わせるかによって、授業の構造が大きく変容していくのであり、教師は子どもたちに及ぼす教育効果までを常に念頭に入れて授業設計をすることが大切であるということである。この考え方は、簡単なように思えて実に難しい作業である。これは、筆者自身がこの一年間に早稲田大学の教職大学院で行ってきた本研究活動においても実際に自分自身が体験していて、その困難さを肌で実感している。限られた教育

資源（時間・施設・費用・環境など）の中で、どれだけの教育効果を出すのかについては教師の授業設計の腕のみせ所であり、この仕事の醍醐味でもある。これは、読者の皆さんにもご理解いただける視点ではないだろうか。
　続けて、スコット教授は、私たち教師が意図的・組織的・計画的に子どもたちに与えたい学習要素に、知識・技能・態度の三つをあげられた。これらの視点は、ご承知の通り、日本でも学習指導要領などでさかんに取り上げられている。しかし、現場では、こうした単語だけが独り歩きしていて、その意味する本質的なところにまで、どれほどの方が深く理解されているかは不明である。したがって、スコット教授が示された例を用いて、その意味をここで振り返ってみたい。例えば、「宇宙」をテーマにした学習を行う場合、「知識」とは宇宙に対する真実について誠意をもって知ることをさし、「技能」とはその真実に証拠＝エビデンス（evidence）を付与して科学的に解明することをさし、「態度」とは事象や科学（科学者を含む）に対して敬意をはらうことをそれぞれ示している、ということである。なるほど、そう考えてみれば、こうして習得される学習の効果は、「知識の詰め込み」や「選択式＝マルチプル・チョイス（multiple choice）方式」によって形成されるのではなく、「知識の活用」や「問題解決能力＝ロジカル・シンキング（logical thinking）方式」の学習活動によって形成されるということが一目瞭然になってくる。
　また、スコット教授は、教師あるいは学校が果たすべき「説明責任」について、成績や評価などに関する公的な説明責任のほかに、学校が外部に対してもつ社会的責任の遂行という重要な視点があることを強調されている。後者は、いわゆる企業のCSR（corporate social responsibilityの略）に近い活動を意味していて、より積極的な社会貢献活動のことを

さしている。日本では、学校の責任というと前者の発想か、あるいは不祥事を起こした際の事後処理的な対応、つまり消極的な説明責任をさすことが多いので、この点も学ぶところが多い。筆者は企業に勤務していた経験をもっていて、学校もCSR活動を実施していく必要があるという視点については非常に大切であると従来から考えている。学校が、地域や社会からの信頼を獲得するためには、学校自らが主体的に社会とかかわりをもち、より積極的に社会貢献を果たすことが極めて重要である。このCSR活動は日本の学校文化にもぜひとも根づかせたい活動の一つである。

イギリスの学校は、学校理事会[*1]＝スクール・ガバナーズ（school governors）制度の下、厳しい学校評価の中にさらされている。社会的責任を果たせない学校、あるいは成績の悪い学校は、視察官からの評価が低くなり、新聞や広報誌に公開される学校ランキングが下がってしまう。したがって、どの学校も学校独自の特色づくり（次に述べる「望ましい学習状況のあり方」の検討を含む）に懸命に取り組んでいるのである。

スコット教授の講義は、こうしたイギリスの学校制度に関する前振りの話題から、いよいよ本題である「学習」について、議論が発展していくことになる。スコット教授は、子どもたちの「望ましい学習状況」について、いくつかの視点に触れながら講義をしてくださったので、それを以下にまとめていきたい。

まず、子どもたちの「望ましい学習状況」についてである。「望ましい学習状況」の第一の視点は、生徒が自分自身の力によって目の前の解決すべき課題に潜む問題点を発見することである。学習を主体的で自立的なものにするためには、一定の問題解決的な作業を子どもたちに与え

ることが必要である。こうした活動を通して、子どもたちが探究活動を起点にして周囲の世界に積極的にアプローチしていくことができるように教師は指導を心がけていくことが大切であるということである。

　第二の視点は、子どもたちが課題とするテキスト・事象・人に対して一定の尋問をすることができるように、教師は授業設計を行うことである。いわゆる批判的思考＝クリティカル・シンキング（critical thinking、第8章-1（p.171〜）参照）の発想である。自分が何をすればよいのかについて、他者から「教えられる」のではなく、子どもたち自身が自ら考え、判断し、行動する中で学ぶのである。「思考」するということは、「自分で考える」ことであり、自主性や自立性が求められるのである。

　第三の視点は、情報を検索・合成すること、あるいは知識を形成・構成することである。新しい情報機器が世間にはたくさん流通しているが、これらを上手く使いこなし、収集した知識や情報同士を組み合わせて、主体的に新しい価値を創造することが大切なのである。

　第四の視点は、学習は必ずしも正しい答えを導き出すことが目的なのではなく、その思考に至ったプロセスや試行錯誤の過程を重んじることが大切であるということである。つまり、子どもたちの中には間違った答えを出す者もいるかもしれないが、それでも構わないということなのである。子どもたちは、自ら思考し、判断するような学習環境を用意すると、自分なりの学び方や考え方を獲得する。こうした活動を保障することによって、教室の外でも自主的に思考を試みるようになり、実生活における活用力が身につくのである。スコット教授は、このような実生活における活用力を伴った学習状況について、「子どもたちが学習のメタ・プロセス（meta process）に関与している状況」にあると表現されている。

第五の視点は、学習の最後に「自己評価」をさせることである。学習を通じて、①何を学んだのか、②どのように学んだのか、③今後、何を学んでいかなければならないのか、④課題解決時に何につまずき、その原因は何であって、どうすべきであったのか、といった視点で子どもたちに自己省察を促すのである。評価にあたっては、教師あるいは大人が「褒める」ことも重要であるが、それと同時に次の課題に対する目標や手段を与えるといった「激励」の視点も必要であるとスコット教授は言う。前者と後者の評価が相まって、子どもたちは次の学習ステップに移行するのであり、この点からも「知識の詰め込み」や「選択式＝マルチプル・チョイス（multiple choice）方式」ではなく、「知識の活用、問題解決能力＝ロジカル・シンキング方式」の学習活動が子どもたちの成長に有用であることが示されるのである。

　これら五つの視点をまとめて、スコット教授は「望ましい学習状況のあり方」と定義されている。学習者をアクティブ・ラーナー（active learner）として位置づけ、かれらに学習に対するオーナーシップ（ownership）を与え、一方で教師はその司会役に徹することが重要であるという。学習の主体は、あくまでも子どもたち自身なのである。

　しかし、そのためには、教師側の綿密な授業設計が必要であり、その授業が成功するか否かについては、教師の力量が問われるということについてもあわせてスコット教授は明言されている。問題解決学習においては、はじめの導入段階で授業の目的を明示し、子どもたちに授業で身につけてもらいたい力をあらかじめ提示する。そして、子どもたちは、この道しるべにしたがって問題解決活動に入る。スコット教授は、これを建物に喩えて、「子どもたちは教師という足場に支えられて、建物（ビル）を建てていく」と表現されている。やがて、その足場が外されて、

独り立ちできたとき、子どもたちの学習は完成したということになるというのである。ここでいう「足場」とは、筆者が師事する田中博之教授が示すところの学習の「型」であり、アクティブ・ラーニング（active learning）の基礎的要素である。この理論は、1920年〜1930年代に活躍したロシアの心理学者、ビゴツキー（Vygotsky）の理論に由来しているということである。

　この視点を振り返ってみると、活用学習における教師の役割は、子どもたちの学習を支えるコーディネーター（coordinator）的な役割である。そして、授業は講義という一方通行のものではなく、教師と子どもが協働作業で作り上げていくといった、双方向のものであるという姿が見えてくる。

　かくして、子どもたちに問題解決型の学習課題に取り組ませることは、かれらの「学習のメタ・プロセス」を開発する際に極めて有効的な手段であるということが、ここでも読者の皆さんにおわかりいただけたことではないだろうか。この視点は、教科学習に限らず、道徳教育を含めたすべての学習領域に応用できる共通の考え方であると筆者は考えている。「特別の教科 道徳」においては、子どもたちが課題に潜む問題を自ら発見し、それらが発生するメカニズムを探究・追究しながら、身近な社会と実生活に関連をもたせて、よりよく道徳的な課題を解決できるように授業開発していきたいものである。そして、スコット教授がおっしゃるように、授業の最後に子どもたちが自己評価をするような活動を用意して、この活動を通して自らの思考や判断、行動に対する長所を実感したり、今後の改善点や課題を明らかにしたり、新たな目標を設定したりするような新しい取り組みも、積極的に導入していくことが大切であると考える。

脚注

*1　学校理事会……スクール・ガバナーズ（school governors）制度ともいう。堀井によると、「イギリスの学校理事会は、戦前から法制化されている。保護者代表、L.A.（わが国の教育委員会に相当）代表、校長、教師代表から構成され、特に1988年法以後、教育課程管理権や教員の人事権をかなりの割合で掌握するようになった」と解説されている（堀井啓幸「地域・保護者への対応」、安彦忠彦・児島邦宏・藤井千春・田中博之編著『よくわかる教育学原論』ミネルヴァ書房、2012（平成24）年、p.77）。

　筆者もロンドン大学に滞在中に、現地の学校視察に赴いたが、どの学校も視察官による学校評価を気にしている。その理由は、視察官の評価が低かった場合、新聞や教育機関誌に低ランクで掲載されてしまうだけでなく、助成金の査定や校長の人事にまでこの評価が利用されるからである。ロンドン大学教育研究所（IOE）のデイビット・スコット教授も、イギリスはかなり厳しい外部からの評価システムの中に学校がおかれていると指摘されていた。

脚注編　参考文献・引用文献

◆1　堀井啓幸「地域・保護者への対応」、安彦忠彦・児島邦宏・藤井千春・田中博之編著『よくわかる教育学原論』ミネルヴァ書房、2012（平成24）年、pp.76-77

神奈川県公立学校A校
M教諭からの御手紙

　私は9年目の社会科教員です。A校に赴任して2年目、1年生の担任として道徳教育を軸にした学級経営を心がけています。
　木野先生との出会いは平成27年の4月。本校に研修で見えた時です。謙虚で研究熱心な姿勢と教育への情熱に尊敬の念を覚えました。何度か接するうちに道徳の話題で意気投合。木野先生から今回の授業の協力を依頼された時には二つ返事でお受けしました。

　「道徳」と「社会科」の連携。授業の進度を考えると確かに難しい取り組みかもしれません。でも、今回授業をやってみて感じたのは、多少苦労してでもやった方が生徒の大きな力になる、ということでした。「ガンディ」、「キング牧師」、「ローザ・パークス」という人物は、社会科の授業だけでは名前と、生きていた年代を軽く扱うだけ、あるいは触れることもしないかもしれません。そんな生徒にとってはどこか遠い存在の先人たちが、実は人間味があふれ、自分と何一つ変わらない人間であるということがわかり、近くに感じることができます。そして、かれらを通して「非暴力」という理解できるようで実情は理解できないことが現実的に感じることができます。中学生であれば、誰であっても「差別」がいけないということは頭ではわかっています。でも、「差別」とはどういうことなのか、具体的なことはなかなか理解していません。でも、この学習で、肌で感じることができるのです。
　この授業の優れている点は、道徳的価値と教材の組み合わせです。生徒と教材との出会わせ方（問題解決ワークショップなどを通して）がよく工夫され

ているので、どんどん引き込まれていきます。「差別はいけない。暴力はいけない。ガンディやキング牧師が言ってるんだ。」と教え込むだけではなく、時代の流れの中やアメリカの社会の中でどのように差別が行われ、そこにローザ・パークスが立ち向かい、それをきっかけにキング牧師が黒人社会のリーダーとなって非暴力で戦った事実を認識する。その中で暴力的な解決・非暴力的な解決の長所と短所を考えること。また、キング牧師が参考にしたガンディのイギリスへの抵抗を知ることによって、当時のインドのおかれた状況が悲惨なものにもかかわらず、民衆をリードしてあくまでも非暴力に徹するガンディの生き方に触れることができ、生徒は感動を覚えました。この時、前時まで学んできた「非暴力」についてさらに深化させていくことができました。

　そして今回の取り組みで何より意味があったことは、「実生活ブレイクダウン」ワークショップによってこれまで学んだ知識を使って自分の身の回りのリアルな現実と結びつけることができる点です。まさに、「問題解決のための知恵」を身につけることができます。「非暴力」とは歴史上の偉人たちによる伝説的な出来事ではないことに気がつきます。自分自身が何か現実の問題に直面した時、対立の本質に物事や人と人との対立があることを読み取り、どのように解決していけばいいのかを考える。人生において、とても大切な力の一つです。これまでの道徳では、読み物や簡単なエクササイズで似たような取り組みはしてきましたが、どこか別の世界の物語というか、リアリティがなくて「道徳の時間」での答えと実際の行動が結びつかないことが多々ありました。しかし、この授業を終えた後は、暴力的な手段は結局解決にならないことを学んでいますので、生徒たちの間で力を示すような行為はまず見られません。この授業を行う前までは多少なりともあった力を示すような出来事が何も起こらないのです。意見や立場が対立することは何度もあります。でも、子どもたちの中に「暴力的な解決は結局のところ遠回りである。」ということが実感としてあるので、「対話による解決」だったり、「根回しをすることによる解決」を選ぶことが当然のようになってきています。やはり、生徒にとってそれだけインパクトのある教材だったように思います。まとめで取り組んだ道徳はがき新

聞には、生徒たちが自分の言葉で「非暴力・不服従を貫いたガンディ、キング牧師、ローザ・パークスへの称賛や尊敬」を述べ、そして「自分もそうありたい」という決意を述べています。自身が学んだことを、わかりやすく表現しようとする中で、表現力や創造力を身につける機会にもなります。完成した道徳はがき新聞は廊下に掲示しましたが、他者の作品を見合うこともまたよい学習になります。「あいつ、こんなこと感じたのかぁ。」という声が多数聞かれました。

　今回の授業で大変だったことは、木野先生の構想を私がしっかりと理解し、なるべく正確にアウトプットしていくことでした。そのために何度も打ち合わせをしました。このような段取りを経て、私自身も理解を深めることができ、自分の言葉として授業を展開することができました。
　今回成功した秘訣は、この教材と、教材を通して教えたい道徳的価値に私自身が感動したことだと考えています。いくら優れた教材であっても、指導者側が自分で納得したものでないと生徒の心を動かすことはできません。
　この授業をやってみて、社会科を通して道徳的価値を教える、あるいは道徳を通して社会科を教えることの効果が大きいことがわかりました。今後は地理・歴史・公民の全ての分野において、一年間で最低でも一回は道徳と連携した授業を実践していこうと決意しています。こういった考えに至らせて下さった木野先生には本当に感謝しています。

おわりに

　本書がこれまで共通して述べてきたように、今後の知識基盤社会あるいはグローバル社会において、子どもたちに求められる資質や能力は、多様な価値観をもつ他者とよりよい人間関係を構築することができる力であったり、そういったさまざまな背景をもつ他者と共生・協働しながら共通の課題を解決していくことができる力であったりすることが予想される。

　こうした社会にあっては、ますます社会の合意に基づく集団形成が大切になってくるであろう。集団の秩序を維持・発展させるためには、「個」が尊重される世の中にあっても、公共の福祉を重んじ、社会的なルールやマナーを守ろうという規範意識を全体に対して形成していくことが重要になってくる。同時に、社会的な弱者や少数意見をもつ人々（社会的マイノリティ（minority））に対する配慮やいたわり、あるいは少数派の意見を集団の合意形成の段階で含めていくといった「少数意見の尊重」の考えをもつことも必要である。つまり、多様性の尊重や持続可能な社会づくりの理念が、異なる価値観の人々の間においても必要になってくるのである。

　世界を見渡しても、自分の価値観が一番正しいと言わんばかりの対立が続き、罪なき人々が命を落とすような醜い戦争や紛争が相次いでいる。国際経済情勢は、資本主義社会における自由な取引が放任される中で、投資家の無秩序なマネーゲームの末に国家が破たんする事態にまで及んでいるし、トマ・ピケティが言うように「社会的格差」の問題も深刻である。また、日本の国内情勢を見ても、例えば2014（平成26）年の集中豪雨による広島の土砂災害は、人間が独善的な開発を追求するあまり、個々の命の尊厳が軽視されたことを浮き彫りにした。このケースは、「夢の丘」と称さ

れる住宅街が土砂災害に弱い危険地帯だったにもかかわらず、行政が地主・デベロッパー・不動産会社・建設会社の圧力を跳ね返すことができず、宅地開発とその土地の分譲がなされてしまった結果、今回の災害によって尊い命が失われる悲惨な結末を迎えてしまったのである。これは、行き過ぎた自由や、「個」の尊厳を独善的に主張する考え方が独り歩きした末に、噴き出した社会問題であると筆者は考える。

　こういった重大な社会問題が身の回りで起こっているにもかかわらず、子どもたちが自分とは遠く離れた世界で起こっている別の話だから関心がないというのであれば、いささか問題である。このような社会問題が発生したときこそ、私たち教師は子どもたちの身近な生活に、この種の社会問題を引き寄せて、「こうした問題は、どうすれば上手に解決できるだろうか」といった視点で教科学習だけでなく道徳的にも考えさせることが必要であろう。例えば、自分たちが暮らしている街を教材に取り上げて、「街を発展させたいので開発が必要だ」と主張する人たちと、「自然や環境を守ってこそ地域が活性化する」と主張する人たちとの間で対立が起こっているということを仮に想定し、双方の言い分を最大限に尊重しながら、街を守り発展させていくためのよりよい方策を考えさせる課題を子どもたちに与えるという指導があってもよいだろう。

　「当事者の利害が複雑に絡み合う問題が幾層にも累積されている現代社会にあって、対立する人々の意見をどのように調整し合意形成していけば、協調的な社会を創ることができるのか。」これからの子どもたちには、こういった視点で多面的・多角的な視点から総合的に物事を捉え、仲間とともに知恵を出し合って社会をよりよく変革していく力を身につけてもらいたいものである。こういった問題解決的な学習を、ぜひとも「特別の教科 道徳」においても行っていきたいと筆者は考える。

　社会的・科学的な問題が発生したときに、当事者の考えに思いをはせ（道徳性の情意的側面）、それぞれの考えに敬意をはらったうえで対立を上手く調整しながら（道徳性の認知的側面）、問題の解決に向けたよりよい知恵を創造する（道徳性の行動的側面）という意味においては、本書が提案する問題解決ワークショップを用いた「特別の教科 道徳」における授業実践は、

まさにぴったりの学習のあり方であると考える。これからの道徳教育は、子どもたち自身が、道徳的価値の尊さに自ら気づき、その道徳的価値を大切にしながら、問題の解決方法を自ら考え、自ら判断し、時に現実的な課題や障壁に悩み苦しみ葛藤しながら、他者と協働してその解決策を考え出してもらいたいのである。

　他者や社会、自然とのかかわりにおいて問題解決を図る活動を「特別の教科　道徳」で行うことによって、子どもたちは人から強要されたり押しつけられたりして身につけたのではない、豊かな道徳性を獲得することであろう。その結果、人は、多様な価値観を素直に受け入れ、互いに承認し、尊重し合うことができるような寛大な精神が形成されるようになり、「共生社会」を実現していくような推進力になるであろう。こうした感覚は、子どもたちが自分自身の力で「問題解決できた」という成功体験の積み上げから、自己肯定感や自己効力感を伴って、かれらの心に力強く息づいていくものと考える。

　したがって、「特別の教科　道徳」においては、さまざまな角度から子どもたちが思考し、判断し、新たなアイディアを創造することができるような、あるいはこうした学習活動の中から道徳的価値の本質的な意味を理解することができるようなあらゆる仕掛けを、私たち教師が提供していかなければならないと考える。そこに、本書が提案する問題解決ワークショップを用いた「特別の教科　道徳」における授業実践の真の価値が存在するのだと筆者は考えている。

　最後に、短期留学先のイギリスにおいて、本授業実践の教材に取り上げたモーハンダース・カラムチャンド・ガンディ（Mohandas Karamchand Gandhi）やジョン・フィッツジェラルド・ケネディ（John Fitzgerald Kennedy）、ネルソン・ホリシャシャ・マンデラ（Nelson Rolihlahla Mandela）などの差別解放運動活動家たちの銅像に思いがけず出会うことができた［**写真▶32〜34**］。また、イギリスの教科書には、ローザ・パークスやキング牧師の姿も見ることができた。これらの銅像や資料を眺めながら、道徳教育とは

人類の「祈り」そして「慈愛」や「感謝」に似た性質をもち合わせた崇高な教育活動であると感じ入ったのであるが、本書を書き上げるにあたり、偶然にもこうした偉大な先人たちと時空を超えて出会えたことについては、本書の執筆活動に運命的に導かれた筆者にとって大きな勇気を得る機会になった。そして同時に、これから始まる問題解決ワークショップを用いた「特別の教科　道徳」のアクティブ・ラーニングを成功に導こうという決意もこみ上げてきた。本書に示した筆者の提案を、より多くの読者の皆さんと分かち合い、この授業実践の理念を世に広めていくことができたとしたならば、誠に光栄である。

平成 27 年 3 月吉日
イギリス帰国後、書斎にて

早稲田大学教職大学院

（所属：相模女子大学中学部・高等部）

木野正一郎

[写真▶32] ガンディ座像

[写真▶33] ケネディ銅像　[写真▶34] マンデラ銅像

脚注

* ＊1 **持続可能な社会**……「将来の環境や次世代の利益を損なわない範囲内で社会発展をすすめようとする理念。1987年 WCED が提唱」(持続可能な開発、『コトバンク』三省堂 大辞林 第三版、https：//kotobank.jp/word/%E6%8C%81%E7%B6%9A%E5%8F%AF%E8%83%BD%E3%81%AA%E9%96%8B%E7%99%BA-520189)。この理念に基づく持続可能性をもった社会のこと。
* ＊2 **トマ・ピケティ (Thomas Piketty)**……大迫によると、ピケティは「フランスの経済学者。(略)主要研究テーマは経済格差と不平等の問題。2013年に出した『21世紀の資本 (Capital in the Twenty-First Century)』の英訳版が翌14年にアメリカで出版されると、ノーベル賞受賞経済学者のR.ソロー、P.クルーグマンや元財務長官R.サマーズらから絶賛され、700頁にも及ぶ学術書にもかかわらず異例の大ベストセラーになった。(略)資本主義がもたらした不平等拡大のメカニズムを実証的に暴き出し、健全で民主的な社会の再生には、国境を超えた公平な税制度（具体的には資産への累進課税）の導入が必要と提言」した人物であると解説されている。

脚注編　参考文献・引用文献（本文出現順）

* ◆1 「持続可能な開発」、『コトバンク』三省堂 大辞林 第三版、https：//kotobank.jp/word/%E6%8C%81%E7%B6%9A%E5%8F%AF%E8%83%BD%E3%81%AA%E9%96%8B%E7%99%BA-520189)
* ◆2 大迫秀樹「トマ・ピケティ (Thomas Piketty)」、『コトバンク』、2015（平成27）年、https：//kotobank.jp/word/%E3%83%88%E3%83%9E%E3%83%BB%E3%83%94%E3%82%B1%E3%83%86%E3%82%A3-1701818

巻末資料

[改訂前の学習指導要領（2008年版）に示された道徳的価値の内容項目]
（改訂は2015（平成27）年3月。改訂版については、巻末資料（p.204）に新旧対照表を掲載）

第1学年及び第2学年（小学校低学年）

1. 主として自分自身に関すること。
- (1) 健康や安全に気をつけ，物や金銭を大切にし，身の回りを整え，わがままをしないで，規則正しい生活をする。
- (2) 自分がやらなければならない勉強や仕事は，しっかりと行う。
- (3) よいことと悪いことの区別をし，よいと思うことを進んで行う。
- (4) うそをついたりごまかしをしたりしないで，素直に伸び伸びと生活する。

2. 主として他の人とのかかわりに関すること。
- (1) 気持ちのよいあいさつ，言葉遣い，動作などに心掛けて，明るく接する。
- (2) 幼い人や高齢者など身近にいる人に温かい心で接し，親切にする。
- (3) 友達と仲よくし，助け合う。
- (4) 日ごろ世話になっている人々に感謝する。

3. 主として自然や崇高なものとのかかわりに関すること。
- (1) 生きることを喜び，生命を大切にする心をもつ。
- (2) 身近な自然に親しみ，動植物に優しい心で接する。
- (3) 美しいものに触れ，すがすがしい心をもつ。

4. 主として集団や社会とのかかわりに関すること。
- (1) 約束やきまりを守り，みんなが使う物を大切にする。
- (2) 働くことのよさを感じて，みんなのために働く。
- (3) 父母，祖父母を敬愛し，進んで家の手伝いなどをして，家族の役に立つ喜びを知る。
- (4) 先生を敬愛し，学校の人々に親しんで，学級や学校の生活を楽しくする。
- (5) 郷土の文化や生活に親しみ，愛着をもつ。

第3学年及び第4学年（小学校中学年）

1. 主として自分自身に関すること。
- （1）　自分でできることは自分でやり、よく考えて行動し、節度のある生活をする。
- （2）　自分でやろうと決めたことは、粘り強くやり遂げる。
- （3）　正しいと判断したことは、勇気をもって行う。
- （4）　過ちは素直に改め、正直に明るい心で元気よく生活する。
- （5）　自分の特徴に気付き、よい所を伸ばす。

2. 主として他の人とのかかわりに関すること。
- （1）　礼儀の大切さを知り、だれに対しても真心をもって接する。
- （2）　相手のことを思いやり、進んで親切にする。
- （3）　友達と互いに理解し、信頼し、助け合う。
- （4）　生活を支えている人々や高齢者に、尊敬と感謝の気持ちをもって接する。

3. 主として自然や崇高なものとのかかわりに関すること。
- （1）　生命の尊さを感じ取り、生命あるものを大切にする。
- （2）　自然の素晴らしさや不思議さに感動し、自然や動植物を大切にする。
- （3）　美しいものや気高いものに感動する心をもつ。

4. 主として集団や社会とのかかわりに関すること。
- （1）　約束や社会のきまりを守り、公徳心をもつ。
- （2）　働くことの大切さを知り、進んでみんなのために働く。
- （3）　父母、祖父母を敬愛し、家族みんなで協力し合って楽しい家庭をつくる。
- （4）　先生や学校の人々を敬愛し、みんなで協力し合って楽しい学級をつくる。
- （5）　郷土の伝統と文化を大切にし、郷土を愛する心をもつ。
- （6）　我が国の伝統と文化に親しみ、国を愛する心をもつとともに、外国の人々や文化に関心をもつ。

第5学年及び第6学年（小学校高学年）

1. 主として自分自身に関すること。
- （1）　生活習慣の大切さを知り、自分の生活を見直し、節度を守り節制に心掛ける。
- （2）　より高い目標を立て、希望と勇気をもってくじけないで努力する。
- （3）　自由を大切にし、自律的で責任のある行動をする。
- （4）　誠実に、明るい心で楽しく生活する。
- （5）　真理を大切にし、進んで新しいものを求め、工夫して生活をよりよくする。
- （6）　自分の特徴を知って、悪い所を改めよい所を積極的に伸ばす。

2. 主として他の人とのかかわりに関すること。
- （1）　時と場をわきまえて、礼儀正しく真心をもって接する。
- （2）　だれに対しても思いやりの心をもち、相手の立場に立って親切にする。
- （3）　互いに信頼し、学び合って友情を深め、男女仲よく協力し助け合う。

- (4) 謙虚な心をもち，広い心で自分と異なる意見や立場を大切にする。
- (5) 日々の生活が人々の支え合いや助け合いで成り立っていることに感謝し，それにこたえる。

3. 主として自然や崇高なものとのかかわりに関すること。
- (1) 生命がかけがえのないものであることを知り，自他の生命を尊重する。
- (2) 自然の偉大さを知り，自然環境を大切にする。
- (3) 美しいものに感動する心や人間の力を超えたものに対する畏敬の念をもつ。

4. 主として集団や社会とのかかわりに関すること。
- (1) 公徳心をもって法やきまりを守り，自他の権利を大切にし進んで義務を果たす。
- (2) だれに対しても差別をすることや偏見をもつことなく公正，公平にし，正義の実現に努める。
- (3) 身近な集団に進んで参加し，自分の役割を自覚し，協力して主体的に責任を果たす。
- (4) 働くことの意義を理解し，社会に奉仕する喜びを知って公共のために役に立つことをする。
- (5) 父母，祖父母を敬愛し，家族の幸せを求めて，進んで役に立つことをする。
- (6) 先生や学校の人々への敬愛を深め，みんなで協力し合いよりよい校風をつくる。
- (7) 郷土や我が国の伝統と文化を大切にし，先人の努力を知り，郷土や国を愛する心をもつ。
- (8) 外国の人々や文化を大切にする心をもち，日本人としての自覚をもって世界の人々と親善に努める。

中学校

1. 主として自分自身に関すること。
- (1) 望ましい生活習慣を身につけ，心身の健康の増進を図り，節度を守り節制に心掛け調和のある生活をする。
- (2) より高い目標を目指し，希望と勇気をもって着実にやり抜く強い意志をもつ。
- (3) 自律の精神を重んじ，自主的に考え，誠実に実行してその結果に責任をもつ。
- (4) 真理を愛し，真実を求め，理想の実現を目指して自己の人生を切り拓いていく。
- (5) 自己を見つめ，自己の向上を図るとともに，個性を伸ばして充実した生き方を追求する。

2. 主として他の人とのかかわりに関すること。
- (1) 礼儀の意義を理解し，時と場に応じた適切な言動をとる。
- (2) 温かい人間愛の精神を深め，他の人々に対し思いやりの心をもつ。

- (3) 友情の尊さを理解して心から信頼できる友達をもち,互いに励まし合い,高め合う。
- (4) 男女は,互いに異性についての正しい理解を深め,相手の人格を尊重する。
- (5) それぞれの個性や立場を尊重し,いろいろなものの見方や考え方があることを理解して,寛容の心をもち謙虚に他に学ぶ。
- (6) 多くの人々の善意や支えにより,日々の生活や現在の自分があることに感謝し,それにこたえる。

3. 主として自然や崇高なものとのかかわりに関すること。
- (1) 生命の尊さを理解し,かけがえのない自他の生命を尊重する。
- (2) 自然を愛護し,美しいものに感動する豊かな心をもち,人間の力を超えたものに対する畏敬の念を深める。
- (3) 人間には弱さや醜さを克服する強さや気高さがあることを信じて,人間として生きることに喜びを見いだすように努める。

4. 主として集団や社会とのかかわりに関すること。
- (1) 法やきまりの意義を理解し,遵(じゅん)守するとともに,自他の権利を重んじ義務を確実に果たして,社会の秩序と規律を高めるように努める。
- (2) 公徳心及び社会連帯の自覚を高め,よりよい社会の実現に努める。
- (3) 正義を重んじ,だれに対しても公正,公平にし,差別や偏見のない社会の実現に努める。
- (4) 自己が属する様々な集団の意義についての理解を深め,役割と責任を自覚し集団生活の向上に努める。
- (5) 勤労の尊さや意義を理解し,奉仕の精神をもって,公共の福祉と社会の発展に努める。
- (6) 父母,祖父母に敬愛の念を深め,家族の一員としての自覚をもって充実した家庭生活を築く。
- (7) 学級や学校の一員としての自覚をもち,教師や学校の人々に敬愛の念を深め,協力してよりよい校風を樹立する。
- (8) 地域社会の一員としての自覚をもって郷土を愛し,社会に尽くした先人や高齢者に尊敬と感謝の念を深め,郷土の発展に努める。
- (9) 日本人としての自覚をもって国を愛し,国家の発展に努めるとともに,優れた伝統の継承と新しい文化の創造に貢献する。
- (10) 世界の中の日本人としての自覚をもち,国際的視野に立って,世界の平和と人類の幸福に貢献する。

[出典]
小学校の道徳的価値:文部科学省HP『現行学習指導要領・生きる力』
http://www.mext.go.jp/a_menu/shotou/new-cs/youryou/syo/dou.htm より

中学校の道徳的価値:文部科学省HP『現行学習指導要領・生きる力』
http://www.mext.go.jp/a_menu/shotou/new-cs/youryou/chu/dou.htm より

[2015（平成27）年3月に改訂された学習指導要領の新旧対照表]
（十勝教育局義務教育指導班がわかりやすくまとめたものを、先方の承諾をいただいて転載）

「特別の教科である道徳」
（「道徳科」）の実施に向けて

十勝教育局義務教育指導班　（平成27年4月）

平成27年4月8日付け教義第47号通知「学校教育法施行規則の一部を改正する省令の制定、小学校学習指導要領の一部を改正する告示、中学校学習指導要領の一部を改正する告示及び特別支援学校小学部、中学部学習指導要領の一部を改正する告示の公示並びに移行措置等について（平成27年3月27日付け26文科初第1339号通知）」において、「特別の教科である道徳」（「道徳科」）の実施に向け、改正の趣旨及び内容が示されました。
通知の概要をまとめましたので、各学校における「特別の教科である道徳」（「道徳科」）の実施に向け、校内研修等で活用願います。

1　改正の概要
(1) 学校教育法施行規則の一部を改正する省令の概要
　教育課程における「道徳」を「特別の教科である道徳」と改正したこと。
(2) 学習指導要領の一部改正の概要
　①学校の教育活動全体を通じて行う**道徳教育**に関することは、「第1章総則」に、道徳の時間に代えて位置付ける**特別の教科である道徳**（以下「道徳科」）に関することは、「**第3章特別の教科道徳**」にそれぞれ示したこと。
　②**道徳教育の目標**については、児童生徒の道徳性を養うという趣旨を明確にするとともに、道徳科の目標については、育成する資質・能力を明確にしたこと。
　③**内容**については、いじめ問題の対応の充実や児童生徒の発達の段階を踏まえ、体系的なものとする観点から改善を図ったこと。
　④**道徳科における指導上の配慮事項**として、問題解決的な学習、道徳的行為に関する体験的な学習等を取り入れるなど、指導方法を工夫すること。
　⑤**道徳科における教材の留意事項**として、ねらいを達成するのにふさわしいものや多様な見方や考え方のできる事柄を取り扱う場合には、特定の見方や考え方に偏った取扱いがされていないなどの観点に照らし適切と判断されるものであること。
　⑥**評価**については、児童生徒の学習状況や道徳性に係る成長の様子を継続的に把握し、指導に生かすよう努めること。また、従来通り数値などによる評価は行わないこと。
　※⑦～⑨略

2　施行期日
小学校及び特別支援学校小学部～平成30年4月1日
中学校及び特別支援学校中学部～平成31年4月1日

3　移行措置の概要
小学校及び特別支援学校小学部：平成27年4月1日～平成30年4月1日
中学校及び特別支援学校中学部：平成27年4月1日～平成31年4月1日
※教育課程の編成及び指導について、その全部または一部について、改正後の学習指導要領の各規定によることができること。

4　留意事項
(1) 評価の在り方や指導要録の取扱い等については、各学校に通知や指導資料を配付する予定。
(2) 移行措置期間においては、改正後の学習指導要領の一部について実施可能であることから、**問題解決的な学習などを取り入れるなど指導方法の工夫を行うなど実施に向け積極的に取り組むことが望まれる**こと。また、実施に当たっては、各教科等との関連を十分図り、学校の教育活動全体を通じて**適切な指導計画を作成し指導する**など、改正後の学習指導要領の趣旨が実現されるよう努めること。

＜小学校＞

1 道徳教育の目標

道徳教育の目標については、学習指導要領「第1章　総則」「第1　教育課程編成の一般方針」の2の中段に、特別の教科　道徳の目標については「第3章　特別の教科　道徳」「第1　目標」に示されます。

※ ▬▬▬▬ は改正された部分

（「第1章　総則」第1の2）

　道徳教育は、教育基本法及び学校教育法に定められた教育の根本精神に基づき、自己の生き方を考え、主体的な判断の下に行動し、自立した人間として他者と共によりよく生きるための基盤となる道徳性を養うことを目標とする。

（現行の学習指導要領）
　道徳教育は、教育基本法及び学校教育法に定められた教育の根本精神に基づき、人間尊重の精神と生命に対する畏敬の念を家庭、学校、その他社会における具体的な生活の中に生かし、豊かな心をもち、伝統と文化を尊重し、それらをはぐくんできた我が国と郷土を愛し、個性豊かな文化の創造を図るとともに、公共の精神を尊び、民主的な社会及び国家の発展に努め、他国を尊重し、国際社会の平和と発展や環境の保全に貢献し未来を拓く主体性のある日本人を育成するため、その基盤としての道徳性を養うことを目標とする。

（「第3章　特別の教科　道徳」「第1　目標」）

　第1章総則の第1の2に示す道徳教育の目標に基づき、よりよく生きるための基盤となる道徳性を養うため、道徳的諸価値についての理解を基に、自己を見つめ、物事を多面的・多角的に考え、自己の生き方についての考えを深める学習を通して、道徳的な判断力、心情、実践意欲と態度を育てる。

（現行の学習指導要領）
　道徳教育の目標は、第1章総則の第1の2に示すところにより、学校の教育活動全体を通じて、道徳的心情、判断力、実践意欲と態度などの道徳性を養うこととする。
　道徳の時間においては、以上の道徳教育の目標に基づき、各教科、外国語活動、総合的な学習の時間及び特別活動における道徳教育と密接な関連を図りながら、計画的、発展的な指導によってこれを補充、深化、統合し、道徳的価値の自覚及び自己の生き方についての考えを深め、道徳的実践力を育成するものとする。

2 道徳教育を進めるに当たって

道徳教育を進めるに当たっては、「第1章　総則」「第1　教育課程編成の一般方針」に、「3」が新設されました。

　3　道徳教育を進めるに当たっては、次の事項に配慮するものとする。
　(1)　各学校においては、第1の2に示す道徳教育の目標を踏まえ、道徳教育の全体計画を作成し、校長の方針の下に、道徳教育の推進を主に担当する教師（以下「道徳教育推進教師」という。）を中心に、全教師が協力して道徳教育を展開すること。なお、道徳教育の全体計画の作成に当たっては、児童、学校及び地域の実態を考慮して、学校の道徳教育の重点目標を設定するとともに、道徳科の指導方針、第3章特別の教科道徳の第2に示す内容との関連を踏まえた各教科、外国語活動、総合的な学習の時間及び特別活動における指導の内容及び時期並びに家庭や地域社会との連携の方法を示すこと。
　(2)　各学校においては、児童の発達の段階や特性等を踏まえ、指導内容の重点化を図ること。その際、各学年を通じて、自立心や自律性、生命を尊重する心や他者を思いやる心を育てることに留意すること。また、各学年段階においては、次の事項に留意すること。
　　ア　第1学年及び第2学年においては、挨拶などの基本的な生活習慣を身に付けること、善悪を判断し、してはならないことをしないこと、社会生活上のきまりを守ること。
　　イ　第3学年及び第4学年においては、善悪を判断し、正しいと判断したことを行うこと、身近な人々と協力し助け合うこと、集団や社会のきまりを守ること。
　　ウ　第5学年及び第6学年においては、相手の考え方や立場を理解して支え合うこと、法やきまりの意義を理解して進んで守ること、集団生活の充実に努めること、伝統と文化を尊重し、それらを育んできた我が国と郷土を愛するとともに、他国を尊重すること。

（現行学習指導要領　第3章　道徳　第3　1(3)）
　各学校においては、各学年を通じて自立心や自律性、自他の生命を尊重する心を育てることに配慮するとともに、児童の発達の段階や特性等を踏まえ、指導内容の重点化を図ること。特に低学年ではあいさつなどの基本的な生活習慣、社会生活上のきまりを身に付け、善悪を判断し、人間としてしてはならないことをしないこと、中学年では集団や社会のきまりを守り、身近な人々と協力し助け合う態度を身に付けること、高学年では法やきまりの意義を理解すること、相手の立場を理解し、支え合う態度を身に付けること、集団における役割と責任を果たすこと、国家・社会の一員としての自覚をもつことなどに配慮し、児童や学校の実態に応じた指導を行うよう工夫すること。（後略）

(3) 学校や学級内の人間関係や環境を整えるとともに、集団宿泊活動やボランティア活動、自然体験活動、地域の行事への参加など豊かな体験を充実すること。また、道徳教育の指導内容が、児童の日常生活に生かされるようにすること。その際、いじめの防止や安全の確保等にも資することとなるよう留意すること。
(4) 学校の道徳教育の全体計画や道徳教育に関する諸活動などの情報を積極的に公表したり、道徳教育の充実のために家庭や地域の人々の積極的な参加や協力を得たりするなど、家庭や地域社会との共通理解を深め、相互の連携を図ること。

3 「第3 指導計画の作成と内容の取扱い」について

新学習指導要領	現行学習指導要領
1 各学校においては、道徳教育の全体計画に基づき、各教科、外国語活動、総合的な学習の時間及び特別活動との関連を考慮しながら、道徳科の年間指導計画を作成するものとする。なお、作成に当たっては、第2に示す各学年段階の内容項目について、相当する各学年において全て取り上げることとする。その際、児童や学校の実態に応じ、2学年間を見通した重点的な指導や内容項目間の関連を密にした指導、一つの内容項目を複数の時間で扱う指導を取り入れるなどの工夫を行うものとする。	1(2) 第2に示す各学年段階ごとの内容項目は相当する各学年においてすべて取り上げること。なお、特に必要な場合には、他の学年段階の内容項目を加えることができること。
2 第2の内容の指導に当たっては、次の事項に配慮するものとする。	
(1) 校長や教頭などの参加、他の教師との協力的な指導などについて工夫し、道徳教育推進教師を中心とした指導体制を充実すること。	3(1) 校長や教頭などの参加、他の教師との協力的な指導などについて工夫し、道徳教育推進教師を中心とした指導体制を充実すること。
(2) 道徳科が学校の教育活動全体を通じて行う道徳教育の要としての役割を果たすことを踏まえ、計画的・発展的な指導を行うこと。特に、各教科、外国語活動、総合的な学習の時間及び特別活動における道徳教育としては取り扱う機会が十分でない内容項目に関わる指導を補うことや、児童や学校の実態を踏まえて指導をより一層深めたり、内容項目の相互の関連を捉え直したり発展させたりすることに留意すること。	3(2) 道徳の時間の年間指導計画の作成に当たっては、道徳教育の全体計画に基づき、各教科、外国語活動、総合的な学習の時間及び特別活動との関連を考慮しながら、計画的、発展的に授業がなされるよう工夫すること。(以下略)
(3) 児童が自ら道徳性を養う中で、自らを振り返って成長を実感したり、これからの課題や目標を見付けたりすることができるよう工夫すること。その際、道徳性を養うことの意義について、児童自らが考え、理解し、主体的に学習に取り組むことができるようにすること。	2 第2に示す道徳の内容は、児童が自ら道徳性をはぐくむためのものであり、道徳の時間はもとより、各教科、外国語活動、総合的な学習の時間及び特別活動においてもそれぞれの特質に応じた適切な指導を行うものとする。その際、児童自らが成長を実感でき、これからの課題や目標が見付けられるよう工夫する必要がある。
(4) 児童が多様な感じ方や考え方に接する中で、考えを深め、判断し、表現する力などを育むことができるよう、自分の考えを基に話し合ったり書いたりするなどの言語活動を充実すること。	2(4) 自分の考えを基に、書いたり話し合ったりするなどの表現する機会を充実し、自分とは異なる考えに接する中で、自分の考えを深め、自らの成長を実感できるよう工夫すること。
(5) 児童の発達の段階や特性等を考慮し、指導のねらいに即して、問題解決的な学習、道徳的行為に関する体験的な学習等を適切に取り入れるなど、指導方法を工夫すること。その際、それらの活動を通じて学んだ内容の意義などについて考えることができるようにすること。また、特別活動等における多様な実践活動や体験活動も道徳科の授業に生かすようにすること。	
(6) 児童の発達の段階や特性等を考慮し、第2に示す内容との関連を踏まえつつ、情報モラルに関する指導を充実すること。また、児童の発達の段階や特性等を考慮し、例えば、社会の持続可能な発展などの現代的な課題の取扱いにも留意し、身近な社会的課題を自分との関係において考え、それらの解決に寄与しようとする意欲や態度を育むよう努めること。なお、多様な見方や考え方のできる事柄について、特定の見方や考え方に偏った指導を行うことのないようにすること。	2(5) 児童の発達の段階や特性等を考慮し、第2に示す道徳の内容との関連を踏まえ、情報モラルに関する指導に留意すること。
(7) 道徳科の授業を公開したり、授業の実施や地域教材の活用などに家庭や地域の人々、各分野の専門家等の積極的な参加や協力を得たりするなど、家庭や地域社会との共通理解を深め、相互の連携を図ること。	4 道徳の時間の授業を公開したり、授業の実施や地域教材の開発や活用などに、保護者や地域の人々の積極的な参加や協力を得たりするなど、家庭や地域社会との共通理解を深め、相互の連携を図るよう配慮する必要がある。
3 教材については、次の事項に留意するものとする。	
(1) 児童の発達の段階や特性、地域の実情等を考慮し、多様な教材の活用に努めること。特に、生命の尊厳、自然、伝統と文化、先人の伝記、スポーツ、情報化への対応等の現代的な課題などを題材とし、児童が問題意識をもって多面的・多角的に考えたり、感動を覚えたりするような充実した教材の開発や活用を行うこと。	3(3) 先人の伝記、自然、伝統と文化、スポーツなどを題材とし、児童が感動を覚えるような魅力的な教材の開発や活用を行い、児童の発達の段階や特性等を考慮した創意工夫ある指導を行うこと。
(2) 教材については、教育基本法や学校教育法その他の法令に従い、次の観点に照らし適切と判断されるものであること。 ア 児童の発達の段階に即し、ねらいを達成するのにふさわしいものであること。 イ 人間尊重の精神にかなうものであって、悩みや葛藤等の心の揺れ、人間関係の理解等の課題も含め、児童が深く考えることができ、人間としてよりよく生きる喜びや勇気を与えられるものであること。 ウ 多様な見方や考え方のできる事柄を取り扱う場合には、特定の見方や考え方に偏った取扱いがなされていないものであること。	
4 児童の学習状況や道徳性に係る成長の様子を継続的に把握し、指導に生かすよう努める必要がある。ただし、数値などによる評価は行わないものとする。	5 児童の道徳性については、常にその実態を把握して指導に生かすよう努める必要がある。ただし、道徳の時間に関して数値などによる評価は行わないものとする。

＜中学校＞

1 道徳教育の目標

道徳教育の目標については、学習指導要領「第1章 総則」「第1 教育課程編成の一般方針」の2の中段に、特別の教科 道徳の目標については「第3章 特別の教科 道徳」「第1 目標」に示されます。

※　　　　　　は改正された部分

（第1章 総則 第1 2）

道徳教育は、教育基本法及び学校教育法に定められた教育の根本精神に基づき、人間としての生き方を考え、主体的な判断の下に行動し、自立した人間として他者と共によりよく生きるための基盤となる道徳性を養うことを目標とする。

（現行の学習指導要領）
道徳教育は、教育基本法及び学校教育法に定められた教育の根本精神に基づき、人間尊重の精神と生命に対する畏敬の念を家庭、学校、その他社会における具体的な生活の中に生かし、豊かな心をもち、伝統と文化を尊重し、それらをはぐくんできた我が国と郷土を愛し、個性豊かな文化の創造を図るとともに、公共の精神を尊び、民主的な社会及び国家の発展に努め、他国を尊重し、国際社会の平和と発展や環境の保全に貢献し未来を拓く主体性のある日本人を育成するため、その基盤としての道徳性を養うことを目標とする。

（第3章 特別の教科 道徳 第1 目標）

第1章総則の第1の2に示す道徳教育の目標に基づき、よりよく生きるための基盤となる道徳性を養うため、道徳的諸価値についての理解を基に、自己を見つめ、物事を広い視野から多面的・多角的に考え、人間としての生き方についての考えを深める学習を通して、道徳的な判断力、心情、実践意欲と態度を育てる。

（現行の学習指導要領）
道徳教育の目標は、第1章総則の第1の2に示すところにより、学校の教育活動全体を通じて、道徳的な心情、判断力、実践意欲と態度などの道徳性を養うこととする。
道徳の時間においては、以上の道徳教育の目標に基づき、各教科、総合的な学習の時間及び特別活動における道徳教育と密接な関連を図りながら、計画的、発展的な指導によってこれを補充、深化、統合し、道徳的価値及びそれに基づいた人間としての生き方についての自覚を深め、道徳的実践力を育成するものとする。

2 道徳教育を進めるに当たって

道徳教育を進めるに当たっては、「第1章 総則」「第4 指導計画の作成等に当たって配慮すべき事項」に、次のように加わりました。

3 道徳教育を進めるに当たっては、次の事項に配慮するものとする。
(1) 各学校においては、第1の2に示す道徳教育の目標を踏まえ、道徳教育の全体計画を作成し、校長の方針の下に、道徳教育の推進を主に担当する教師（以下「道徳教育推進教師」という。）を中心に、全教師が協力して道徳教育を展開すること。なお、道徳教育の全体計画の作成に当たっては、生徒、学校及び地域の実態を考慮して、学校の道徳教育の重点目標を設定するとともに、道徳科の指導方針、第3章特別の教科道徳の第2に示す内容との関連を踏まえた各教科、総合的な学習の時間及び特別活動における指導の内容及び時期並びに家庭や地域社会との連携の方法を示すこと。
(2) 各学校においては、生徒の発達の段階や特性等を踏まえ、指導内容の重点化を図ること。その際、小学校における道徳科の指導を更に発展させ、自立心や自律性を高め、規律ある生活をすること、生命を尊重する心や自らの弱さを克服して気高く生きようとする心を育てること、法やきまりの意義に関する理解を深めること、自らの将来の生き方を考え主体的に社会の形成に参画する意欲と態度を養うこと、伝統と文化を尊重し、それらを育んできた我が国と郷土を愛するとともに、他国を尊重すること、国際社会に生きる日本人としての自覚を身に付けることに留意すること。

（現行学習指導要領 第3章 道徳 第3 1(3)）
各学校においては、生徒の発達の段階や特性等を踏まえ、指導内容の重点化を図ること。特に、自他の生命を尊重し、規律ある生活ができ、自分の将来を考え、法やきまりの意義の理解を深め、主体的に社会の形成に参画し、国際社会に生きる日本人としての自覚を身に付けるようにすることなどに配慮し、生徒や学校の実態に応じた指導を行うよう工夫すること。また、悩みや葛藤等の思春期の心の揺れ上げ、道徳的価値に基づいた人間としての生き方について考えを深められるよう配慮すること。

(3) 学校や学級内の人間関係や環境を整えるとともに、職場体験活動やボランティア活動、自然体験活動、地域の行事への参加などの豊かな体験を充実すること。また、道徳教育の指導内容が、生徒の日常生活に生かされるようにすること。その際、いじめの防止や安全の確保等にも資することとなるよう留意すること。
(4) 学校の道徳教育の全体計画や道徳教育に関する諸活動などの情報を積極的に公表したり、道徳教育の充実のために家庭や地域の人々の積極的な参加や協力を得たりするなど、家庭や地域社会との共通理解を深め、相互の連携を図ること。

3 「第3 指導計画の作成と内容の取扱い」について

新学習指導要領	現行学習指導要領
1 各学校においては、道徳教育の全体計画に基づき、各教科、総合的な学習の時間及び特別活動との関連を考慮しながら、道徳科の年間指導計画を作成するものとする。なお、作成に当たっては、第2に示す内容項目について、各学年において全て取り上げることとする。その際、生徒や学校の実態に応じ、3学年間を見通した重点的な指導や内容項目間の関連を密にした指導、一つの内容項目を複数の時間で扱う指導を取り入れるなどの工夫を行うものとする。	1(2) 第2に示す各内容項目の指導の充実を図る中で、生徒や学校の実態に応じ、3学年間を見通した重点的な指導や内容項目間の関連を密にした指導を行うよう工夫すること。ただし、第2に示す内容項目はいずれの学年においてもすべて取り上げること。
2 第2の内容の指導に当たっては、次の事項に配慮するものとする。	
(1) 学級担任の教師が行うことを原則とするが、校長や教頭などの参加、他の教師との協力的な指導などについて工夫し、道徳教育推進教師を中心とした指導体制を充実すること。	3(1) 学級担任の教師が行うことを原則とするが、校長や教頭などの参加、他の教師との協力的な指導などについて工夫し、道徳教育推進教師を中心とした指導体制を充実すること。
(2) 道徳科が学校の教育活動全体を通じて行う道徳教育の要としての役割を果たすことができるよう、計画的・発展的な指導を行うこと。特に、各教科、総合的な学習の時間及び特別活動における道徳教育としては取り扱う機会が十分でない内容項目に関わる指導を補うことや、生徒や学校の実態等を踏まえて指導をより一層深めること、内容項目の相互の関連を捉え直したり発展させたりすることに留意すること。	1(2) 道徳の時間の年間指導計画の作成に当たっては、学校の道徳教育の全体計画に基づき、各教科、総合的な学習の時間及び特別活動との関連を考慮し、計画的、発展的に授業がなされるよう工夫すること。
(3) 生徒が自ら道徳性を養う中で、自らを振り返って成長を実感したり、これからの課題や目標を見付けたりすることができるよう工夫すること。その際、道徳性を養うことの意義について、生徒自らが考え、理解し、主体的に学習に取り組むことができるようにすること。また、発達の段階を考慮し、人間としての弱さを認めながら、それを乗り越えてよりよく生きようとすることのよさについて、教師が生徒と共に考える姿勢を大切にすること。	
(4) 生徒が多様な感じ方や考え方に接する中で、考えを深め、判断し、表現する力などを育むことができるよう、自分の考えを基に討論したり書いたりするなどの言語活動を充実すること。その際、様々な価値観について多面的・多角的な視点から振り返って考える機会を設けるとともに、生徒が多様な見方や考え方に接しながら、更に新しい見方や考え方を生み出していくことができるよう留意すること。	3(4) 自分の考えを基に、書いたり討論したりするなどの表現する機会を充実し、自分とは異なる考えに接する中で、自分の考えを深め、自らの成長を実感できるよう工夫すること。
(5) 生徒の発達の段階や特性等を考慮し、指導のねらいに即して、問題解決的な学習、道徳的行為に関する体験的な学習等を適切に取り入れるなど、指導方法を工夫すること。その際、それらの活動を通じて学んだ内容の意義などについて考えることができるようにすること。また、特別活動等における多様な実践活動や体験活動も道徳科の授業に生かすようにすること。	
(6) 生徒の発達の段階や特性等を考慮し、第2に示す内容との関連を踏まえつつ、情報モラルに関する指導を充実すること。また、例えば、科学技術の発展と生命倫理との関係や社会の持続可能な発展などの現代的な課題の取扱いにも留意し、身近な社会的課題を自分との関係において考え、その解決に向けて取り組もうとする意欲や態度を育てるよう努めること。なお、多様な見方や考え方のできる事柄について、特定の見方や考え方に偏った指導を行うことのないようにすること。	3(5) 生徒の発達の段階や特性等を考慮し、第2に示す道徳の内容との関連を踏まえて、情報モラルに関する指導に留意すること。
(7) 道徳科の授業を公開したり、授業の実施や地域教材の開発や活用などに家庭や地域の人々、各分野の専門家等の積極的な参加や協力を得たりするなど、家庭や地域社会との共通理解を深め、相互の連携を図ること。	4 道徳の時間の授業を公開したり、授業の実施や地域教材の開発や活用などに、保護者や地域の人々の積極的な参加や協力を得たりするなど、家庭や地域社会との共通理解を深め、相互の連携を図るよう配慮する必要がある。
3 教材については、次の事項に留意するものとする。	
(1) 生徒の発達の段階や特性、地域の実情等を考慮し、多様な教材の活用に努めること。特に、生命の尊厳、社会参画、自然、伝統と文化、先人の伝記、スポーツ、情報化への対応等の現代的な課題などを題材とし、生徒が問題意識をもって多面的・多角的に考えたり、感動を覚えたりするような充実した教材の開発や活用を行うこと。	3(3) 先人の伝記、自然、伝統と文化、スポーツなどを題材とし、生徒が感動を覚えるような魅力的な教材の開発や活用を行い、生徒の発達の段階や特性等を考慮した創意工夫ある指導を行うこと。
(2) 教材については、教育基本法や学校教育法その他の法令に従い、次の観点に照らし適切と判断されるものであること。 ア 生徒の発達の段階に即し、ねらいを達成するのにふさわしいものであること。 イ 人間尊重の精神にかなうものであって、悩みや葛藤等の心の揺れ、人間関係の理解等の課題も含め、生徒が深く考えることができ、人間としてよりよく生きる喜びや勇気を与えられるものであること。 ウ 多様な見方や考え方のできる事柄を取り扱う場合には、特定の見方や考え方に偏った取扱いがなされていないものであること。	
4 生徒の学習状況や道徳性に係る成長の様子を継続的に把握し、指導に生かすよう努める必要がある。ただし、数値などによる評価は行わないものとする。	5 生徒の道徳性については、常にその実態を把握して指導に生かすよう努める必要がある。ただし、道徳の時間に関して数値などによる評価は行わないものとする。

特別の教科道徳の第2に示す内容の学年段階・学校段階の一覧

		小学校第1学年及び第2学年（19）	改正前		小学校第3学年及び第4学年（20）	改正前
A 主として自分自身に関すること						
[善悪の判断、自律、自由と責任]	(1)	よいこと悪いことの区別をし、よいと思うことを進んで行うこと。	1-(3)	(1)	正しいと判断したことは、自信をもって行うこと。	1-(3)
[正直、誠実]	(2)	うそをついたりごまかしをしたりしないで、素直に伸び伸びと生活すること。	1-(4)	(2)	過ちは素直に改め、正直に明るい心で生活すること。	1-(4)
[節度、節制]	(3)	健康や安全に気を付け、物や金銭を大切にし、身の回りを整え、わがままをしないで、規則正しい生活をすること。	1-(1)	(3)	自分でできることは自分でやり、安全に気を付け、よく考えて行動し、節度のある生活をすること。	1-(1)
[個性の伸長]	(4)	**自分の特徴に気付くこと。**	新設	(4)	自分の特徴に気付き、長所を伸ばすこと。	1-(5)
[希望と勇気、努力と強い意志]	(5)	自分の<u>やるべき</u>勉強や仕事をしっかりと行うこと。	1-(2)	(5)	自分でやろうと決めた**目標**に向かって、強い意志をもち、粘り強くやり抜くこと。	1-(2)
[真理の探究]						
B 主として人との関わりに関すること						
[親切、思いやり]	(6)	身近にいる人に温かい心で接し、親切にすること。	2-(2)	(6)	相手のことを思いやり、進んで親切にすること。	2-(2)
[感謝]	(7)	**家族など**日頃世話になっている人々に感謝すること。	2-(4)	(7)	**家族など**生活を支えてくれている人々や現在の生活を築いてくれた高齢者に、尊敬と感謝の気持ちをもって接すること。	2-(4)
[礼儀]	(8)	気持ちのよい挨拶、言葉遣い、動作などに心掛けて、明るく接すること。	2-(1)	(8)	礼儀の大切さを知り、誰に対しても真心をもって接すること。	2-(1)
[友情、信頼]	(9)	友達と仲よくし、助け合うこと。	2-(3)	(9)	友達と互いに理解し、信頼し、助け合うこと。	2-(3)
[相互理解、寛容]		◇**太字**は、新たに追加された文言を示しています。 ◇<u>下線</u>は、変更した文言を示しています。 ◇*斜体太字*は、新設された内容項目を示しています。		(10)	***自分の考えや意見を相手に伝えるとともに、相手のことを理解し、自分と異なる意見も大切にすること。***	新設
C 主として集団や社会との関わりに関すること						
[規則の尊重]	(10)	約束やきまりを守り、みんなが使う物を大切にすること。	4-(1)	(11)	約束や社会のきまりの意義を理解し、それらを守ること。	4-(1)
[公正、公平、社会正義]	(11)	***自分の好き嫌いにとらわれないで接すること。***	新設	(12)	誰に対しても分け隔てをせず、公正、公平な態度で接すること。	新設
[勤労、公共の精神]	(12)	働くことのよさを知り、みんなのために働くこと。	4-(2)	(13)	働くことの大切さを知り、進んでみんなのために働くこと。	4-(2)
[家族愛、家庭生活の充実]	(13)	父母、祖父母を敬愛し、進んで家の手伝いなどをして、家族の役に立つこと。	4-(3)	(14)	父母、祖父母を敬愛し、家族みんなで協力し合って楽しい家庭をつくること。	4-(3)
[よりよい学校生活、集団生活の充実]	(14)	先生を敬愛し、学校の人々に親しんで、学級や学校の生活を楽しくすること。	4-(4)	(15)	先生や学校の人々を敬愛し、みんなで協力し合って楽しい学級や**学校**をつくること。	4-(4)
[伝統と文化の尊重、国や郷土を愛する態度]	(15)	我が国や郷土の文化と生活に親しみ、愛着をもつこと。	4-(5)	(16)	我が国や郷土の伝統と文化を大切にし、**国**や郷土を愛する心をもつこと。	4-(5)
		改正前は、「1主として自分自身に関すること」「2主として他の人とのかかわりに関すること」「3主として自然や崇高なものとのかかわりに関すること」「4主として集団と社会とのかかわりに関すること」の順				
[国際理解、国際親善]	(16)	他国の人々や文化に親しむこと。	新設	(17)	他国の人々や文化に親しみ、関心をもつこと。	4-(6)
D 主として生命や自然、崇高なものとの関わりに関すること						
[生命の尊さ]	(17)	生きることのすばらしさを知り、生命を大切にすること。	3-(1)	(18)	生命の尊さを知り、生命あるものを大切にすること。	3-(1)
[自然愛護]	(18)	身近な自然に親しみ、動植物に優しい心で接すること。	3-(2)	(19)	自然のすばらしさや<u>不思議さ</u>を感じ取り、自然や動植物を大切にすること。	3-(2)
[感動、畏敬の念]	(19)	美しいものに触れ、すがすがしい心をもつこと。	3-(3)	(20)	美しいものや気高いものに感動する心をもつこと。	3-(3)
[よりよく生きる喜び]						

	小学校第5学年及び第6学年 (22)	改正前		中学校 (22)	改正前	
(1)	自由を大切にし、自律的に判断し、責任のある行動をすること。	1-(3)	(1)	自律の精神を重んじ、自主的に考え、判断し、誠実に実行してその結果に責任をもつこと。	1-(3)	[自主、自律、自由と責任]
(2)	誠実に、明るい心で生活すること。	1-(4)				
(3)	安全に気を付けることや、生活習慣の大切さについて理解し、自分の生活を見直し、節度を守り節制に心掛けること。	1-(1)	(2)	望ましい生活習慣を身に付け、心身の健康の増進を図り、節度を守り節制に心掛け、安全で調和のある生活をすること。	1-(1)	[節度、節制]
(4)	自分の特徴を知って、短所を改め長所を伸ばすこと。	1-(6)	(3)	自己を見つめ、自己の向上を図るとともに、個性を伸ばして充実した生き方を追求すること。	1-(5)	[向上心、個性の伸長]
(5)	より高い目標を立て、希望と勇気をもち、困難があってもくじけずに努力して物事をやり抜くこと。	1-(2)	(4)	より高い目標を設定し、その達成を目指し、希望と勇気をもち、困難や失敗を乗り越えて着実にやり遂げること。	1-(2)	[希望と勇気、克己と強い意志]
(6)	真理を大切にし、物事を探究しようとする心をもつこと。	1-(5)	(5)	真理を大切にし、真理を探究して新しいものを生み出そうと努めること。	1-(4)	[真理の探究、創造]
(7)	誰に対しても思いやりの心をもち、相手の立場に立って親切にすること。	2-(2)	(6)	思いやりの心をもって人と接するとともに、家族などの支えや多くの人々の善意により日々の生活や現在の自分があることに感謝し、進んでそれに応え、人間愛の精神を深めること。	2-(2) 2-(6)	[思いやり、感謝]
(8)	日々の生活が家族や過去からの多くの人々の支え合いや助け合いで成り立っていることに感謝し、それに応えること。	2-(6)				
(9)	時と場をわきまえて、礼儀正しく真心をもって接すること。	2-(1)	(7)	礼儀の意義を理解し、時と場に応じた適切な言動をとること。	2-(1)	[礼儀]
(10)	友達と互いに信頼し、学び合って友情を深め、異性についても理解しながら、人間関係を築いていくこと。	2-(3)	(8)	友情の尊さを理解して心から信頼できる友達をもち、互いに励まし合い、高め合うとともに、異性についての理解を深め、悩みや葛藤を経験しながら人間関係を深めていくこと。	2-(3) 2-(4)	[友情、信頼]
(11)	自分の考えや意見を相手に伝えるとともに、謙虚な心をもち、広い心で自分と異なる意見や立場を尊重すること。	2-(4)	(9)	自分の考えや意見を相手に伝えるとともに、それぞれの個性や立場を尊重し、いろいろなものの見方や考え方があることを理解し、寛容の心をもって謙虚に他に学び、自らを高めていくこと。	2-(5)	[相互理解、寛容]
(12)	法やきまりの意義を理解した上で進んでそれらを守り、自他の権利を大切にし、義務を果たすこと。	4-(1)	(10)	法やきまりの意義を理解し、それらを進んで守るとともに、そのよりよい在り方について考え、自他の権利を大切にし、義務を果たして、規律ある安定した社会の実現に努めること。	4-(1)	[遵法精神、公徳心]
(13)	誰に対しても差別をすることや偏見をもつことなく、公正、公平な態度で接し、正義の実現に努めること。	4-(2)	(11)	正義と公正さを重んじ、誰に対しても公平に接し、差別や偏見のない社会の実現に努めること。	4-(3)	[公正、公平、社会正義]
(14)	働くことや社会に奉仕することの充実感を味わうとともに、その意義を理解し、公共のために役に立つことをすること。	4-(4)	(12)	社会参画の意識と社会連帯の自覚を高め、公共の精神をもってよりよい社会の実現に努めること。	4-(2)	[社会参画、公共の精神]
			(13)	勤労の尊さや意義を理解し、将来の生き方について考えを深め、勤労を通じて社会に貢献すること。	4-(5)	[勤労]
(15)	父母、祖父母を敬愛し、家族の幸せを求めて、進んで役に立つことをすること。	4-(5)	(14)	父母、祖父母を敬愛し、家族の一員としての自覚をもって充実した家庭生活を築くこと。	4-(6)	[家族愛、家庭生活の充実]
(16)	先生や学校の人々を敬愛し、みんなで協力し合ってよりよい学校をつくるとともに、様々な集団の中での自分の役割を自覚して集団生活の充実に努めること。	4-(3) 4-(6)	(15)	教師や学校の人々を敬愛し、学級や学校の一員としての自覚をもち、協力し合ってよりよい校風をつくるとともに、様々な集団の意義や集団の中での自分の役割と責任を自覚して集団生活の充実に努めること。	4-(4) 4-(7)	[よりよい学校生活、集団生活の充実]
(17)	我が国や郷土の伝統と文化を大切にし、先人の努力を知り、国や郷土を愛する心をもつこと。	4-(7)	(16)	郷土の伝統と文化を大切にし、社会に尽くした先人や高齢者に尊敬の念を深め、地域社会の一員としての自覚をもって郷土を愛し、進んで郷土の発展に努めること。	4-(8)	[郷土の伝統と文化の尊重、郷土を愛する態度]
			(17)	優れた伝統の継承と新しい文化の創造に貢献するとともに、日本人としての自覚をもって国を愛し、国家及び社会の形成者として、その発展に努めること。	4-(9)	[我が国の伝統と文化の尊重、国を愛する態度]
(18)	他国の人々や文化について理解し、日本人としての自覚をもって国際親善に努めること。	4-(8)	(18)	世界の中の日本人としての自覚をもち、他国を尊重し、国際的視野に立って、世界の平和と人類の発展に寄与すること。	4-(10)	[国際理解、国際貢献]
(19)	生命が多くの生命のつながりの中にあるかけがえのないものであることを理解し、生命を尊重すること。	3-(1)	(19)	生命の尊さについて、その連続性や有限性なども含めて理解し、かけがえのない生命を尊重すること。	3-(1)	[生命の尊さ]
(20)	自然の偉大さを知り、自然環境を大切にすること。	3-(2)	(20)	自然の崇高さを知り、自然環境を大切にすることの意義を理解し、進んで自然の愛護に努めること。	3-(2)	[自然愛護]
(21)	美しいものや気高いものに感動する心や人間の力を超えたものに対する畏敬の念をもつこと。	3-(3)	(21)	美しいものや気高いものに感動する心をもち、人間の力を超えたものに対する畏敬の念を深めること。	3-(3)	[感動、畏敬の念]
(22)	よりよく生きようとする人間の強さや気高さを理解し、人間として生きる喜びを感じること。	新設	(22)	人間には自らの弱さや醜さを克服する強さや気高く生きようとする心があることを理解し、人間として生きることに喜びを見いだすこと。	3-(3)	[よりよく生きる喜び]

出典：十勝教育局義務教育指導班『「特別の教科である道徳」(「道徳科」)の実施に向けて』、(2015(平成27)年)、
http://www.dokyoi.pref.hokkaido.lg.jp/hk/tky/grp/01/dotoku.pdf

[早稲田大学教職大学院教授　田中博之が開発した道徳力アンケート]
（田中の承諾をいただいて転載）

ver.2.0

道徳力アンケート

中学校版

第　回　（　月）

年　組　番
名前

◎　このアンケートは、自分の生き方や考え方、そして行動のし方についてふり返るためのものです。それぞれの項目の４〜１の数字のあてはまるところに、一つずつ〇をつけましょう。

4：とてもあてはまる　3：少しあてはまる　2：あまりあてはまらない　1：まったくあてはまらない

感謝する心
①感謝　　よいことをしてくれた人に、「ありがとう」といっています。　　　　　4 — 3 — 2 — 1
②お礼　　助けてくれた人やおせわになった人へ、お礼の手紙やメールを出しています。　4 — 3 — 2 — 1
③よい言葉　「やさしいね」「うれしいな」「たすかったよ」と、気持ちよい言葉を使っています。　4 — 3 — 2 — 1

強い心
④いじめない　どんな小さなことでも、いじめはしていません。　　　　　　　　　4 — 3 — 2 — 1
⑤抑える　　人のことをうらやましいと感じても、悪口をいったり無視したりしていません。　4 — 3 — 2 — 1
⑥勇気　　「悪いことはやめよう」「よいことはやろう」と、勇気を出して言っています。　4 — 3 — 2 — 1

反省する心
⑦おちつき　イライラしたりカッとしたときでも、ぐっとこらえておちつくことができます。　4 — 3 — 2 — 1
⑧あやまる　よくないことをしたときは、うそをつかずにすぐあやまっています。　　4 — 3 — 2 — 1
⑨判断　　ふだんから、「どの考えや行動が正しいのだろう」と自分で考えるようにしています。　4 — 3 — 2 — 1

大切にする心
⑩大切　　いのちある生き物や食べ物、まわりの自然や公共物を大切にしています。　4 — 3 — 2 — 1
⑪尊重　　友だちの心を傷つけることをいったり、いやがることをしたりしていません。　4 — 3 — 2 — 1
⑫安心　　友だちにどなったり、たたいたり、けったりしていません。　　　　　　4 — 3 — 2 — 1

礼儀の心

⑬挨拶　　自分から進んで「おはよう」「こんにちは」など、あいさつをしています。　　4－3－2－1
⑭ゆずる　自分が先にやりたいと思っても、人にゆずることができます。　　　　　　　4－3－2－1
⑮依頼　　人にものを頼むときには、ていねいに「お願いします」といっています。　　4－3－2－1

正しい心

⑯責任　　自分の係活動や与えられた役割は、責任をもってきちんとやりとげています。　4－3－2－1
⑰心がけ　ふだんから、正しい言葉づかいや正しい行動ができるように心がけています。　4－3－2－1
⑱ルール　自分から進んで、学校や社会のルールを守っています。　　　　　　　　　　4－3－2－1

やくだつ心

⑲思いやり　「自分さえよければ」ではなく、「人の喜ぶこと」を考えて行動しています。　4－3－2－1
⑳やさしさ　困ったことや悲しいことがある人を、助けたりはげましたりしています。　　4－3－2－1
㉑提案　　人のためになることを、クラスの話し合いで提案したり、実行したりしています。4－3－2－1

改善する心

㉒仲直り　クラスでもめごとやケンカがおきた時は、仲直りができるように声かけをしています。4－3－2－1
㉓話し合い　よりよい学級にするための話し合いでは、自分の意見を発言しています。　　4－3－2－1
㉔掃除　　自分から進んで掃除やかたづけをして、気持ちよい教室になるようにしています。4－3－2－1

認める心

㉕聞く　　人の話や気持ちを最後までしっかりと聞いて、受けとめています。　　　　　　4－3－2－1
㉖ほめる　友だちのよい考えや意見そしてがんばりを、「すごいね」「賛成」とほめています。4－3－2－1
㉗個性　　人がもっているそれぞれの違いや個性を、ばかにしたりけなしたりしていません。4－3－2－1

成長する心

㉘すなお　「こうした方がいい」というアドバイスや注意は、すなおに受け入れています。　4－3－2－1
㉙努力　　自分の長所を伸ばし短所を直せるように、努力しています。　　　　　　　　4－3－2－1
㉚目標　　自分がやろうと決めたことは、目標を決めてねばり強く取り組んでいます。　　4－3－2－1

[道徳力アンケートの結果（例）]　　　　　　　　（田中の承諾をいただいて転載）

道徳力アンケートの結果

この集計シートは、「道徳力アンケート」の結果を個人別にまとめたものです。この結果を参考にして、自分の生き方や人との関わり方をよりよいものにしていきましょう。

（グラフや表の見方）
① 左下のレーダーチャートは、それぞれの心の領域で、クラスの平均を示しています。
② 右下のレーダーチャートは、それぞれの心の領域で、自分の結果を示しています。
③ ２つのレーダーチャートを比べたり、自分のレーダーチャートの形や大きさを見てみましょう。
④ くわしい数値は、下の表に示しています。
⑤ この集計シートをもとにして、自分の生き方や人との関わり方をしっかりとふりかえりましょう。

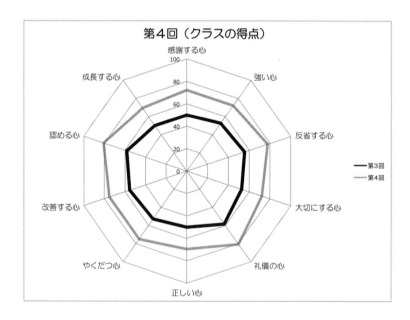

第4回 道徳力アンケートの結果

1年 2組 2番 なまえ

			1回目		2回目		3回目		4回目		今までの平均 (クラスの平均)	
			こたえ	平均	こたえ	平均	こたえ	平均	こたえ	平均		
感謝する心	①感謝	よいことをしてくれた人に、「ありがとう」といっています。	2	2.0 (2.0)	1	2.0 (2.3)	2	2.0 (2.5)	4	3.7 (3.2)	2.3	2.4 (2.5)
	②お礼	助けてくれた人やお世話になった人、ものの手紙やメールを送ります。	2		2		2		3		2.3	
	③よい言葉	「うれしいな」「うれしいよ」「さすがだよ」と、気持ちよい言葉を言っています。	2		3		2		4		2.8	
強い心	④いじめない	どんなりゆうがあっても、いじめはしていません。	2	2.0 (2.1)	4	2.3 (2.3)	2	2.0 (2.6)	3	3.3 (3.2)	2.8	2.4 (2.5)
	⑤耐える	人がこちらのきもいと思っても、言い返したり乱用したりしていません。	2		1		2		4		2.3	
	⑥勇気	「悪いことはやめよう」「よいことはやろう」と、勇気を出して言っています。	2		2		2		3		2.3	
反省する心	⑦おちつき	イライラしたりおこったりしたときでも、ぐっとこらえておちつくことができます。	2	2.0 (2.2)	3	2.7 (2.4)	2	2.0 (2.7)	4	3.7 (3.3)	2.8	2.6 (2.6)
	⑧あやまる	人のに気にさわることは、うそをつかずにすなおにあやまっています。	2		4		2		3		2.8	
	⑨判断	ふだんから、「どの考えや行動が正しいのだろう」と自分で考えるようにしています。	2		1		2		4		2.3	
大切にする心	⑩大切	いのちある生き物や物、まわりの自然や物を大切にしています。	2	2.0 (2.1)	2	2.3 (2.3)	2	2.0 (2.6)	3	3.3 (3.2)	2.3	2.4 (2.5)
	⑪尊重	だれかの意見をきくことを言ったり、いやがることをしたりしていません。	2		4		2		3		3.0	
	⑫安心	安心して見えたり、さわいだり、ぼうりょくしていません。	2		2		2		3		2.3	
礼儀の心	⑬挨拶	自分から進んで「おはよう」「こんにちは」など、あいさつをしています。	2	2.0 (2.3)	2	3.0 (2.5)	2	2.0 (2.8)	4	3.7 (3.4)	2.5	2.7 (2.7)
	⑭心づかい	相手に対やっていもらったら、人にやさしくするようにしています。	2		3		2		3		2.5	
	⑮依頼	人に物を頼むときには、ていねいに「お願いします」といっています。	2		4		2		4		3.0	
正しい心	⑯責任	自分のお役目やかかえている仕事は、責任をもってやりとげています。	2	2.0 (2.0)	1	2.0 (2.3)	2	2.0 (2.5)	3	3.3 (3.1)	2.5	2.3 (2.5)
	⑰心がけ	あやまり、正しい、ただしい行動ができるようこころがけています。	2		2		2		4		2.5	
	⑱ルール	自分から進んで、学校や社会のルールを守っています。	2		3		2		3		2.5	
やくだつ心	⑲思いやり	「自分さえよければ」ではなく、「人の身に」と思えて行動しています。	2	2.0 (2.1)	4	2.3 (2.3)	2	2.0 (2.6)	4	3.7 (3.3)	3.0	2.5 (2.6)
	⑳やさしさ	困っていたり苦しんだりしている人、助けたりやさしい言葉をかけたりしています。	2		1		2		3		2.3	
	㉑提案	人のためになることを、クラスの話し合いで提案したり、やってみたりしています。	2		2		2		4		2.5	
改善する心	㉒仲直り	クラスでもんでもケンカやお友達けをしても、仲直りができるようこえをかけています。	2	2.0 (2.2)	3	2.7 (2.4)	2	2.0 (2.7)	3	3.3 (3.3)	2.5	2.5 (2.6)
	㉓話し合い	よりよい学級にするために話し合いをし、自分の意見を発言しています。	2		4		2		3		3.0	
	㉔清潔	自分から進んで掃除やかたづけをし、気持ちよい状態になるようにしています。	2		1		2		4		2.5	
認める心	㉕聞く	人の話や気持ちを意見をしっかりと聞いています。	2	2.0 (2.3)	2	3.0 (2.5)	2	2.0 (2.8)	4	3.7 (3.4)	2.5	2.7 (2.7)
	㉖ほめる	友達のよい点や才能をしてすすめているとき、「すごいね」と言っています。	2		3		2		3		2.5	
	㉗個性	人のちがいそれぞれの個性を、ばかにしたりしないようにしています。	2		4		2		4		3.0	
成長する心	㉘すなお	「そうしたらいい」というアドバイスを素直に、すなおに受けられるようになります。	2	2.0 (2.0)	1	2.0 (2.3)	2	2.0 (2.5)	3	2.3 (3.1)	2.0	2.1 (2.5)
	㉙努力	自分の長所を伸ばし短所を直せるよう、日々がんばっています。	2		2		2		4		2.5	
	㉚目標	自分がめざとめたことは、目標を決めては小づつ取り組んでいます。	2		3		2		0		1.8	

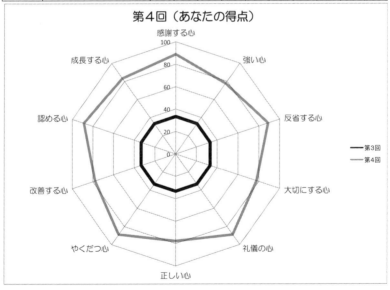

第4回（あなたの得点）

巻末資料 215

索引

CSR活動　　　　　　　　　186
KP法　　　　　　　11　118
　紙芝居プレゼンテーション
　法　　　　　　　　11　119
OECD（経済協力開発機構）151
　　　　　　　　　　170　185
PISA型学力　151　177　185
　PISA型読解力テスト　151
　　　　　　　　　　　　162
　PISAショック　　　　175
　PISA調査　162　172　175
（R-）PDCA　　　　　45　128
　　　　　　　　　　　　134

あ行

アクティブ・ラーナー　189
アクティブ・ラーニング　3
　　　　　　　　　109　190
アクティブ・ラーニング型授
　業　　　　　　　　　　41
アメリカ公民権運動　29　57
　　　　　　　　　　60　81
アルバート・バンデュラ　72
アンガーマネジメント　　99
　　　　　　　　　　　113
安心力（安心実現力）127　131
意義発見型の授業　　　　41
生きる力　12　33　38　113
　　　　　　　　　170　176
「生きる力」の構成要素　173
偉人学習　　　　　　　　66
一元的　　　　40　86　161
一定の価値観　　　　　　 5
畏敬の念　33　180　202　210
イメージマップ　　29　113
インクルーシブ教育　　120
　　　　　　　　　121　184
英国における活用学習・問題

解決学習の理論　　12　184
エンパワーメント　53　112

か行

書き方の「型」62　71　97
　　　　　　　　　　　152
学習内容リフレクション型の
　授業　　　　　　　　　41
学習のメタ・プロセス　188
革新性　　　　　　　　174
核心的価値（コア・バリュー）
　　　21　43　53　54　55
　　　　　　　　　　　 58
「価値の押し付け」論　　35
価値の長短比較　　　　　20
学級経営　　128　131　134
学級崩壊　　　　　　　132
学級力アンケート　127　131
学級力向上プロジェクト　126
　　　　　　133　134　135
学級力レーダーチャート　127
　　　　　　　　　132　135
学校理事会　　　　187　191
葛藤　　　33　65　66　68
　　　　73　80　99　102　112
　　　　　　　　　　　197
活用意欲　　　　　109　110
活用スキル　　　　　　174
活用する能力　　　　　172
家庭や地域の教育力の低下
　　　　　　　　　　　182
カルタ　　　　　　29　135
考え、議論する（道徳）　32
　　　　　　　　　　　170
観察学習　　　　　72　113
観察による評価　　46　129
ガンディ　29　55　57　80
　　　　83　85　107　109　141
　　　　　　153　159　197

観点による評価　46　129
管理型の学級経営　　　132
キー・コンピテンシーの核心
　　　　　　　　　　　174
規範意識の押しつけ　　　 5
キャッチコピー　　150　154
教師用学級経営自己評価アン
　ケート　　　　　　　136
協調力（協調維持力）127　131
規律力（規律遵守力）127　131
キング牧師　　61　63　69
　　　70　81　101　112　113
　　　　　　141　152　159
クリティカル・シンキング
　　　　　　　　　　　188
クリティカル・リーディング
　　　　　　　　　　　152
グローバル化　　　34　175
グローバル社会　　96　172
　　　　　　　　　　　195
クロス・カリキュラム　 40
　　　　　　　48　101　178
訓育　　　　　　　　　　48
形成的評価　　　　45　145
継続性　　　　　　　　174
決意表明否定論　　　　160
言語活動　22　41　71　75
　　　85　96　100　119　149
研修の充実　　　　　　　46
コア・カリキュラム　　　48
広域カリキュラム　　　　48
公共の福祉　20　195　203
肯定感　　　　　　　　　42
肯定的（ポジティブ）な集団
　　　　　　　　　　　132
公民的資質　　　　　　　53
合理的配慮　　　　　　123
コールバーグ　65　90　112

さ行

サイレント・マジョリティ　135
思考・判断促進型の授業　41
自己肯定感　178　197
自己診断・自己評価　27
　126　127　134
自己信念　178
自己評価　46　127　142　170
　189
自己評価シート　12　18
　27　46　126　133　134
　136　138　140
自尊感情　42
実生活ブレイクダウン　3
　18　23　25　55　58
　62　84　86　87　94
　141
「実生活ブレイクダウン」ワークショップ　21　23
　25　54　55　57　60
　86　87　94
指導体制のオムニバス化　12
　165
社会維持的機能　48
社会革新的機能　48
社会選抜・社会配分的機能
　44
社会的リテラシー　174
弱点を補完する行動（知恵や努力）　81
重点化　43　135　181
熟考・評価　152
主要能力（キー・コンピテンシー）　170
小単元構成モデル　6　12
　18　21　23　25　52
　55　56　58　60　72
　80　86　126　148
情報化社会　172
情報の解釈　152
情報の取り出し　152　162
自律性　172
自律的に行動する能力　172
自律力　128　131
思慮深さ　174

人格の完成　18　33　48
　170
深化部　21　23　24　25
　29　53　55　57　72
　80　86　94　102　104
　141
人種隔離法　61　65　73
　98　112
人物相関図　62　63
数値などによる評価　45　130
スクール・ガバナーズ制度
　187　191
健やかな体　33　171　177
ストレス・コーピング　99
　113
スマイル・アクション　136
スマイル・タイム　135
スマイル・ミーティング
　136
生産・投資的機能　48
セルフマネジメント　127
　134
全国学力・学習状況調査　178
相関カリキュラム　48
相対主義的絶対評価　45　49
組織的な取組の推進　46

た行

体験的な学習　41
対話力（対話創造力）　127　131
多角的・相対的分析力の育成
　55
他教科・他領域連携型の授業
　41
たくさん伝えたい病　119
確かな学力　33　44　48
　53　173　175　177
達成力（目標達成力）　127　131
多面的・多角的な視点　3
　19　24　29　53　57
　68　73　81　99　141
　175　196
多面的比較分析力　82
多様性　5　82　123　131
　174
多様な価値観　34　42　195

多様な指導方法　41
多様な学びの場　123
知識基盤社会　96　172　195
知・徳・体　170　173
中央教育審議会（の）答申　3
　32　41　126　164　171
道徳に係る教育課程の改善等について　3　32　170
積み上げによる評価　46　129
詰め込み型の知識や技能　174
ディスカッション　5
ディベート　5
統合カリキュラム　48
統合部　12　21　23　25
　55　57　86　148
当事者意識　23　27　73
　102　133
道徳科　3　32　107　170
道徳教育推進教師　167　181
道徳教育の要　34　37　52
　111　(179)
道徳教育の充実に関する懇談会「今後の道徳教育の改善・充実方策について（報告）」　38　86
道徳性　11　18　23　26
　33　36　45　48　99
　112　126　129　134　140
　143　148　161　178　180
　182　197
道徳性形成のR-PDCA活動
　28
道徳性向上プロジェクト　135
道徳性セルフアセスメント・アンケート　18　26　46
　126　136　137　140
道徳性の意識変容　136
道徳性の三側面　3　19　26
　40　52　126　136
　行動的側面　3　18　23
　27　39　48　52　62
　86　90　128　137　138
　140　154　161　196
　情意的側面　3　18　23
　27　39　40　48　52
　62　103　128　137　138
　140　196

索引　217

認知的側面	3	18	23
	26	40	48	52	62
	103	128	137	138	140
	161	196
基本的な認知的側面
	39
応用的な認知的側面
	39
道徳性の変容	143
道徳性の諸様相	38
道徳性の評価	45	46
道徳性の三つの発達段階	65
	90	91	112
道徳的価値	3	18	21
	22	23	24	29	35
	37	52	54	55	57
	59	62	72	81	86
	100	148	179	197	200
	209
道徳的価値の自覚	37	38
	41
道徳的行為	36	41
道徳的行為を行うための意欲や態度	4	37
道徳的思考の深化	53
道徳的実践	18	28	37
	38	43	110	141	160
	161
道徳的実践意欲・態度	38
	48
道徳的実践力	5	18	36
	37	38	56	161
道徳的実践型の授業	41
道徳的習慣	37	41	48
道徳的心情（道徳の心情理解）
	4	29	37	38	47
	48	57	62	110	128
	142	161
道徳的認知	5	24	29
	57	65	73	80	100
	110
道徳的認知深化法	3	18
	24	72	82
道徳的思考力・判断力	57
	72
道徳的判断力	38	128
道徳の評価	44	45

道徳はがき新聞	12	23
	148	152	154	156	157
道徳力アンケート	130	134
	212
陶冶	48
討論	41	55	175
特別支援教育	120	121	123
特別の教科 道徳	3	11
	18	21	23	32	34
	36	41	45	52	55
	56	62	126	134	148
	160	164	170	184	196
「特別の教科 道徳」における改善策	36
読解力	82

な行

内省	4	28	37	41	96
	100	106	152
内省深化アクティビティ	3
	11	18	22	23	46
	73	78	83	96	98
	100	119	149
内面的資質	37	44
悩み	33	88	197
21世紀スキル	172
人間関係形成能力	170
望ましい学習状況	187

は行

はがき新聞	24	148	149
	152	155
バス・ボイコット運動	60
	73	97
派生的価値	21	43	53
	54	59
発表	55	70	74	82
	85	89	103
パフォーマンス評価	46
	129	146	170
反省性	174
反応統合の理論	72
ビゴツキー	190

「ビッグ・カルタ」ワークショップ	20	23	24	29
	57	60	76	80	83
	85
「ビッグ・ブレスト」ワークショップ	20	23	24
	29	57	60	72	78
	104
批判的思考	4	188
批判的リテラシー	175
非暴力的解決方法	29	57
	72	77	79	80	104
評価に関する参考資料の作成
	46
評価方法等に関する情報の充実	46
表現活動	41	74	97	149
	160
表現する道徳	9
ヒントカード	88	89	94
複数時間拡大型の授業	41
複数内容項目連結型の授業
	41
普遍性	174
フリーダム・ライダーズ運動
	60	73
ブレーンストーミング	29
	72	113
ペタゴジック・アプローチ
	185
法の遵守	59	65
暴力的解決方法	29	57
	72	77	78	79	80
	104
ポートフォリオ評価	46	129
	146	170
補充・深化・統合	6	18
	21	23	25	52	55
	58	61
補充部	21	23	25	29
	53	55	57	60	86
	94	100

ま行

| マネジメント | 133 |

マルチプル・チョイス方式
　　　　　　　　　　186
漫画資料活用法　　118　121
メタ認知　22　23　52　112
メタ認知的な技能　　　174
目標の明確化　　　　　36
モデリングサイコロジー　72
　　　　　　　　　　113
モラルジレンマ　　64　73
　　　　　　　　　　112
問題解決スキル　　23　25
問題解決的な学習　　4　41
　　　　　52　170　196
問題解決の3段階ステップ
　　　　25　90　91　93
問題解決ワークショップ　3
　　11　18　22　23　25
　　29　32　52　56　60
　　118　122　126　148　164
　　　　　　　　　　184

や行

役割演技　　　　　　　41
「役割取得」ワークショップ
　　　20　23　29　57　60
　　　　　　　　69　70
融合カリキュラム　　　48
豊かな心　20　33　44　48
　　53　171　173　175　177
　　　　　　　　179　203
ユニバーサル・デザイン　11
　　70　110　113　118　121

ら行

リアリティある教材　　42
リフレクション　　41　100
　　　　　129　149　152
レーダーチャート　26　128
　　　135　136　142　143
連帯性　　　　　　　174
ローザ・パークス　60　63
　　　　　　69　97　113
ロジカル・シンキング方式
　　　　　　　　　　186

著者：木野正一郎［きの・しょういちろう］

1974年、神奈川県横浜市生まれ。1993年法政大学第二高等学校卒業後、法政大学法学部法律学科に進学。1997年に同大学を卒業。同年に大手タイヤメーカーに入社。主に、全国規模の企業との本部営業を担当。
2003年2月、夢だった教師への転職をめざし、退職。すぐに横浜市立北山田小学校の非常勤講師に配属され、混乱していた学級を担任や学年の先生方とともに再建。4月、相模女子大学高等部の非常勤講師、翌2004年に専任教諭、2017年4月より東海大学付属相模高等学校特任教諭として社会科の指導に携わる。同校、道徳教育研究推進委員。
2014年度は、指導力向上をめざして、早稲田大学大学院教職研究科高度教職実践専攻1年制コースに進学。道徳の教科化を見通して、問題解決ワークショップを活用し、社会科と道徳科を連携させたアクティブ・ラーニング型授業に取り組む。この時の研究活動の成果をまとめたものが本書である。翌2015年3月に修了（教職修士（専門職））。
2016年から2017年にかけて、早稲田大学学部教職科目および早稲田大学大学院教職研究科で、招聘講師として合計6時間分の特別講義を担当。論文として『「道徳科」における問題解決ワークショップを用いた小単元構成の授業開発 〜「核心的価値（コア・バリュー）」に基づく補充・深化・統合の取り組みを通して〜』（早稲田大学大学院教職研究科紀要 第8号、2016年）、『多面的・多角的な思考力や判断力を形成する社会科の授業開発—言語活動を取り入れた活用学習の観点から—』（相模女子大学子ども教育学会『子ども教育研究 第8号』、2016年）など。
趣味は、声楽。相原廣美氏、岡村喬生氏に師事し、合計で20年間声楽を学ぶ。東京オペラシティで行われた全国規模のコンサートオーディションの本選に出場。NPO法人横浜音楽協会主催のコンサートや岡村喬生氏門下生による「野声会」に出演。年3〜5回、仲間とのジョイントコンサートや、福祉・医療施設での慰問コンサートを実施。
1995年、北京大学短期語学研修修了。2014年、ロンドン大学教育研究所（IOE）短期学生国際交流プログラム修了。

新発想！道徳のアクティブ・ラーニング型授業はこれだ
────問題解決ワークショップで道徳性を深化する

2016年4月15日　初版第1刷発行
2018年9月 8日　　　　第6刷発行

著　者　　木野正一郎
発行者　　安　修平
発　行　　株式会社みくに出版
　　　　　〒150-0021東京都渋谷区恵比寿西2-3-14
　　　　　電話03-3770-6930　FAX.03-3770-6931
　　　　　http://www.mikuni-webshop.com/
印刷・製本　サンエー印刷
ISBN978-4-8403-0645-4 C0037
©2016　Shoichiro Kino, Printed in Japan
定価はカバーに表示してあります。